「世界の終わり」を紡ぐあなたへ

北出栞

デジタルテクノロジーと「切なさ」の編集術

Towards You Weaving “The End of the World”

田出版

「世界の終わり」を紡ぐあなたへ

デジタルテクノロジーと「切なさ」の編集術

はじめに

２０２０年代の始まりに、「世界の終わり」のような静けさをもたらした新型コロナウイルス感染症のパンデミックは、結局のところ世界を終わらせなかった。あの日々が残したものは何だったのか。自宅にこもり続ける日々、たまの外出で見上げた青空はいつになく澄んでいた気がした。ウイルスに右往左往しているのは人類だけで、鳥は自由に空を飛んでいたのだ。あるいは街頭カメラが伝える、人っ子ひとりいない街の風景。世の中の混乱を思うと大きな声では言えなかったが、そんな「どこでもない」「誰もいない」イメージの群れは、スマートフォンを通じて常にソーシャル・ネットワークにつながれ、情報の濁流に流されながら「あなたは何者か？」と問われ続ける現代人に、安らぎをもたらすものだったように思えるのだ。

〈セカイ系〉という言葉がある。「君と僕」の間の小さな問題を、社会や組織などの描写を挟まず、「世界の終わり」のような大きな問題に直結して描くような想像力、などと説明されることが多いこの言葉は、世紀末ブームの熱が冷めやらぬ2000年代初頭に、アニメや漫画を評する言葉として、ある個人運営のウェブサイトから生まれた。当初は揶揄的な意味が先行していたそうだが、そのような意味を持った言葉が、作品を評する言葉として影響力を持ったということ自体が、ある意味でうらやましくも思える。

作品がひとつの「世界」を作るものなら、「世界の終わり」と無関係な作品などない。どんなに社会派を謳った作品でも、「終わりがある」ということが「作品」の条件だからだ。しかしソーシャルメディアが普及した現代においては、社会派だろうがファンタジーだろうが、作品は発表されるや否や、終わりなき「解釈」と「考察」のゲームに巻き込まれてしまう。個人がメディアを持ち、インターネットを通じて世界に発信できるという希望と、作品という「世界の終わり」の領域が担保されていたことが、今にして思えば奇跡的に重なっていたのが〈セカイ系〉という言葉が生まれた時代だったのだ。

人類史に必ずや刻まれるだろう疫病の蔓延に加え、2020年代に入ってから途絶えることのない、戦争・災害・気候変動などのニュース。それらを横目にぼんやりと蔓延する「世界の終わり」のムードは、ソーシャルメディアに吐き出される無数の言葉たちによって増幅される。しかし世界は結局のところ終わらないのである。しかも、本来同時代的なムードを切り離して「世界」を成立させることができるはずの作品という単位すら、リアルタイムのコミュニケーションの中に溶け出してしまう。これが「世界の終わり」を取り巻く現状の問題点だ。

まるで「世界の終わり」だと思わずつぶやきたくなる時代を前にして、まずは沈黙のうちに自分の感情と向き合えないか。〈セカイ系〉という言葉は、私たちにそんな問いを呼び起こさせる性質があるように感じる。すべてを包み込む大文字の「世界」があることなど信じられない、しかし「世界」について考えることを諦めたくない。ならばまずは「君と僕」という最小単位を、「セカイ」を考えることから始めよう……そんないじらしさが感じられるのだ。

そして、ただ沈黙するだけでなく、さまざまな問題を抱えた現代の情報環境にあってなお「作品＝世界」を成立させるための思考も。〈セカイ系〉という言葉が生まれた時代は、一般家庭にコンピュータやインターネットが普及し、個人で映像や音楽を作り、発表することが容易になった時代でもある。〈セカイ系〉についで考えることを通じて、デジタルテクノロジーがかつて人々に抱かせた、個人の「セカイ」が「世界」につながるかもしれないという純粋な希望に、出会い直すこともできるのではないか。

以下、本書の構成を示す。

1章では導入として、〈セカイ系〉について過去の議論を振り返りつつ、デジタルテクノロジーと「作品」との関係という観点から再整理する。これまで〈セカイ系〉の文脈では語られてこなかった作品にも光を当て、2020年代の現在、このテーマを扱うことの意味と意義を提示する。

2章・3章・4章では、〈セカイ系〉の代表的作品と見なされる作品を手がけた作家のうち、2020年代に入ってなおピークを更新し続けている作家として庵野秀明、新海誠、麻枝准《まえだじゅん》の三人に光を当てる。デジタルテクノロジーとともに「作る」とは何か、それぞれの作品に込められたテーマ性も掘り下げつつ考えていく。

5章・6章・7章では、動画投稿プラットフォーム／ソーシャルメディアの登場以降、相対的に「作家」の存在感が小さくなっている現実を受け止めつつ、消費するだけのポジションに収まらず「作る」立場に立つにはどのような思考が必要か検討する。そこで問題になるのは、デジタル時代における「主体性」のあり方である。

8章ではエピローグとして、これまで追ってきたデジタルテクノロジーとともに「作る」ことの本質は何かという主題と、その過程で浮かび上がってきたスマートフォン／ソーシャルメディア時代の「切なさ」のありかという主題を統合し、いずれ来る本当の「世界の終わり」を待ち受ける姿勢としての「祈り」について考察する。

私たちの身体を取り巻く空気のようなものとしてではなく、雲の切れ間から差し込む光芒のように、「ここではない、どこか」から到来するものとしての「世界の終わり」。流れ続けるタイムラインに切れ目を入れ、逃げ場のない「今、ここ」から身を切り離す……「セカイ」のイメージを捉えるために、現在に至るまでの二十年間をたどり直していきたい。

目次

Towards You,
Weaving
“The End of the World”

目次

Towards You,
Weaving
"The End of the World"

1章 セカイは今、どこにあるのか

Towards You,
Weaving
“The End of the World”

Chapter One

〈セカイ系〉とは何か

本書は「世界の終わり」をめぐる想像力のありかを、デジタルテクノロジーの進展との関わり合いにおいて探ることを目的とする。そのために注目するのが〈セカイ系〉という言葉だ。

〈セカイ系〉とは何か。その誕生から使われ方の変遷まで、多くの資料をもとに丹念に追った随一の著作である、前島賢『セカイ系とは何か』[※1]の記述を参考にまずは整理したい。同書によれば、『新世紀エヴァンゲリオン』（１９９５、以下『エヴァ』）の後を追うように発表された「エヴァっぽい」作品群に対して、個人運営のテキストサイト「ぷるにえブックマーク」の管理人の主観に基づき、揶揄的な意味を込めて使われたのが発端とされる。その後、言葉だけがひとり歩きし、「主人公と（たいていの場合は）その恋愛相手とのあいだの小さな人間関係を、社会や国家のような中間項の描写を挟むことなく、「世界の危機」「この世の終わり」といった大きな問題に直結させる想像力」[＊2]といった定義が与えられ、サブカルチャー評論の世界でも取り上げられるようになった。その当時に具体例として挙げられ、今なお代表的な作品として名前が挙げられることが多いのが、秋山瑞人の小説（ライトノベル）『イリヤの空、ＵＦＯの夏』（２００１）、高橋し

＊1　2010年、SBクリエイティブより『セカイ系とは何か――ポスト・エヴァのオタク史』として刊行。その後2014年に、全編を改稿し、補論を含む「文庫版あとがき」を収録した文庫版が星海社より刊行された。本書では基本的に文庫版を参照している。

＊2　東浩紀『セカイからもっと近くに――現実から切り離された文学の諸問題』（東京創元社、2013年）より。『セカイ系とは何か』の中では評論家による〈セカイ系〉定義の代表的なものとして、2004年に東の主導により刊行された同人誌『美少女ゲームの

んの漫画『最終兵器彼女』（２０００）、そして新海誠の短編アニメーション『ほしのこえ』（２００２）の三作品である。

当時の時代背景に目を向けると、１９９５年には阪神淡路大震災、オウム真理教による一連の事件があった。また、いわゆる世紀末であったために、「ノストラダムスの大予言」に代表される終末思想がブームとなった。西暦のケタ数が一気に変わることによるシステムダウンが懸念された「２０００年問題」というものもあった。

〈セカイ系〉について評論家が問題視したのは、「小さな問題」と「大きな問題」の間に本来あるはずの「社会や組織などの中間領域」が抜け落ちており、それゆえに「複雑な現実」が描けていないという点だった。あるいは男性主人公の視点で描かれる作品の、「君」に当たるヒロインだけが「世界の終わり」に対峙させられる——つまり「僕」に当たる主人公は傍観者の位置にとどまる——構造を取り出し、男性中心社会の根本的な搾取構造を、センチメンタルに美化しているのではないかという点だった。

臨界点』に記述された定義が紹介されているが、本書ではその東自身によるアップデート版としてこちらを参照する。

しかし、そもそも〈セカイ系〉を代表するとされる三作品のいずれもが、こうした条件を満たすわけではないと『セカイ系とは何か』で論証されている。とりわけ『イリヤの空、UFOの夏』については、作者である秋山がもともと伝統的なSFファンコミュニティの期待を集めながらデビューした作家である点や、「あえて主人公の少年から見える範囲の世界に絞った」という旨のインタビューでの発言、そもそも作品の中核をなすボーイ・ミーツ・ガールの構造自体が、戦闘機パイロットであるヒロインに「守るべき存在」としての主人公を与える軍部の策略だったという作中での種明かしなどを踏まえ、意識的に「エヴァっぽい」作品を目指して書かれた、言わばメタ〈セカイ系〉と言える作品であることが指摘されている。

以上のことから言えるのは、〈セカイ系〉とはそのものに定義すべき内実があるのではなく、むしろその空虚さゆえに周りを旋回する形で新たな作品や評論が生まれるという、ある種の「文芸運動」[*3]であったということである。

「距離」と「世界」に関する逆接

〈セカイ系〉は世界＝セカイという語感のキャッチーさもあって、社会現象を論

＊3 『セカイ系とは何か』文庫版の版元による紹介文より。https://bookclub.kodansha.co.jp/product?item=0000025641（最終閲覧：2024年3月12日）

じる際にネガティブな文脈で使われることもある。たとえば、2021年に公開されたあるウェブ記事の中で、現代の若者はソーシャルメディアの意見を漠然と「社会」の総意として捉え、それを過剰に恐れる傾向があると分析する文脈でこの言葉が使われた。*4

しかし、もともと〈セカイ系〉はあくまで作品の特徴を抽出したものである。記事を読んで義憤に駆られたのであろう、「ぷるにえブックマーク」の元管理人はソーシャルメディア上に現れ、以下のような「再定義」を行っている。

「セカイ系、という言葉は、今でいうところの「あるある」です。アニメやマンガやゲームの物語や演出によくある類型のひとつ。少年と少女が出会うラブロマンスに世界の存亡が掛かるほどのスケールの大きな出来事が関係するというアレ」

「理解が難しいのは、セカイ系というのが単純に話のジャンルを指してるだけではないということです。テーマでありストーリーでありキャラであり設定であり、そういった諸々から醸し出される独特の「っぽさ」がセカイ系」*5

＊4　稲田豊史「「インターネット＝社会」若者の間で広がる「セカイ系」の世界観」現代ビジネス https://gendai.media/articles/-/84364（最終閲覧：2024年3月12日）。同記事を含む連載は後に『映画を早送りで観る人たち――ファスト映画・ネタバレ　コンテンツ消費の現在形』（光文社新書、2022年）にまとめられた。

＊5　以下のまとめ（筆者作成）を参照。「テキストサイト「ぷるにえブックマーク」元管理人による〈セカイ系〉の再定義」Togetter https://togetter.com/li/2303729（最終閲覧：2024年3月12日）

揶揄的な意味を含んでいたとはいえ、実際に作品を見た上で「っぽさ」を抽出していたのと、その言葉自体が単なる揶揄になってしまうのとでは大違いである。言葉は生き物とは言うが、すでにWikipediaにも項目が作られ、そこに具体例として並んでいる作品名もある以上、その内容には触れない形で〈セカイ系〉という言葉だけが揶揄的に使われ続けることは、各作品の作り手たちに対する敬意を失わせることを助長しかねない。筆者個人としては、「ぷるにえブックマーク」元管理人の憤りはよくわかる。

ところで、件の記事は現代に広まる映像作品の「倍速視聴」というスタイルの是非を問う連載の一部だった。本書を通じて述べていくことになるが、筆者の立場はそうしたスタイルが選択される背景――ソーシャルメディアの普及を背景にして、作品がコミュニケーションの「ネタ」としてインスタントに消費されること――には批判的な一方、「倍速視聴ができる」ということ自体に関しては、どちらかと言えば肯定的というものである。受け手が恣意的に編集を加えられるということは、デジタルテクノロジーを介した作品経験の基本的な条件だからだ。

わざわざこのような註釈を入れたのは、それが本書の主旨にもつながってくる話だからである。そう、筆者は〈セカイ系〉の「っぽさ」を、当時のデジタルテクノロジーの中に宿っていた独特の感覚を指すものだと定義したいのである。

〈セカイ系〉という言葉が生まれた1990年代末から2000年代初頭は、PCやインターネットが一般家庭に大きく普及した時期でもあった。ユーザーフレンドリーなOSとしてMicrosoftのWindows 95・98が各種PCに搭載され、カラフルで丸みを帯びた筐体のデザインがクリエイティブ職の人気を博したAppleのiMacが発売されたのも1998年だ。また、ADSL・光回線の普及が急速に進み、1999年には携帯電話（ガラケー）からインターネットにアクセスできるNTTドコモのサービス・iモードも開始した。

この観点から言って最も重要な〈セカイ系〉作品は、その成立自体がデジタルテクノロジーの恩恵抜きにしてはあり得なかった『ほしのこえ』だろう。本作は新海誠による個人制作の短編アニメーション作品だが、個人でアニメを作り、広く届けるということ自体が、制作ツールとしてのPCと、宣伝ツールとしてのウェブサイトなしには不可能だった。「「世界」っていう言葉がある。私は中学の頃まで、「世界」っていうのはケータイの電波が届く場所なんだって、漠然と思っていた。」という冒頭に置かれたモノローグは、この作品のアイデンティティが当時のデジタルテクノロジーとともにあることを端的に表している。

批評家の藤田直哉は『ほしのこえ』と同時代のデジタルテクノロジーとの共振について、以下のように整理している。

コンピュータやインターネットに象徴される、科学技術を得て、色々なものは拡大した。それは、ヒロインである長峰美加子が宇宙に乗り出していくことに象徴される。未知の、未開の、無限の領域が目の前に拓かれて、そのフロンティアに乗り出していくことができる。しかしそれは、キャッチコピー「たぶん、宇宙と地上にひきさかれる恋人の、最初の世代だ」の通り、二人の距離を開かせ、孤独と切望を高まらせていくことに帰結してしまう。[*6]

テクノロジーは「意識の拡大」をもたらすのではなく、人間と人間の間の距離（＝宇宙、セカイ、サイバースペース）を広げ、つながりを薄くし（＝ケータイのメールの頻度が減っていく）、孤独や寂しさを増大させるもので

＊6　藤田直哉『新海誠論』（作品社、２０２２年）p.32。ただし、同書は新海のキャリアを「セカイ期（引用部分）」「古典期」「世界期」の三つに区分し、単線的な「成熟」の物語を描いていることは付記しておく。本書はこうした見方に対して、言わばそこで言う「セカイ期」のポテンシャルを独立したものとして取り出し、そのポジティブな可能性を解き放つことを目指すものである。

はなかったか〔…〕実際、この頃のインターネットは、「世界とつながれる」と言われていたものの、画面は色の数も少なく、デザインも貧相で、ろくに動きもなく、音声や動画を見る機会もほとんどないようなテクストばかりの世界であり、人恋しさの飢餓感が募るものであった。[*7]

離れた場所にいる相手の言葉を「近く」に引き寄せるにもかかわらず、心理的な距離はかえって「遠く」なってしまったように感じられる……〈セカイ系〉に今目を向けることの意味は、デジタルテクノロジーが本来的に備えていたはずの、「距離」と「世界」に関する逆接を再発見させてくれるところにある。現在の高速化したインターネットは「近い」どころか身体を取り巻くものになっており、私たちはタッチパネル・インターフェースを介して文字通り情報に触れながら、リアルタイムに解像度の高い世界の情報を受け取ることに疲弊している。「距離」という概念自体が消失してしまっていることが、そこでは問題となっているのだ。

〈セカイ系〉と呼ばれる作品には確かに「社会や組織」に関する記述に不足もあるが、もしそこに紙幅が割かれていたなら、その部分だけを現代と重ね合わせるような読み方に縛られてしまっていただろう（コロナ禍でカミュの『ペスト』が

＊7　同書、p.33

読まれたように）。物語的にはあまりにも切り詰められた、「君と僕」を中心とした構造しか持たないからこそ、その二者関係を媒介するデジタルテクノロジーが、現代との差分として際立ってくるのだ。

「エーテル」の中の歌姫

デジタルテクノロジーを介した二者関係の媒介。この点に目を向けると、〈セカイ系〉と言って通常挙げられることのない固有名詞が重要なものとしていくつも浮上してくる。

たとえば、岩井俊二が監督した実写映画『リリイ・シュシュのすべて』（２００１）がそうだ。本作は地方都市に暮らす少年少女を主人公に、リリイ・シュシュという架空の歌姫をめぐる匿名掲示板（ＢＢＳ）での交流と、その存在に救いを求める少年少女の群像劇を同時並行的に描いていく。[*8] 作中では陰湿ないじめのシーンも描かれ、観客の胸をえぐるのだが、だからこそ主人公が救いを求めるリリイの歌声は、画面越しに登場人物らを眺めるしかない観客にも救いのように響く。田園風景に佇み、ＣＤウォークマンにつないだイヤホンから流れるリリイの音に身を浸す主人公の姿は、カセットテーププレイヤー・「Ｓ－ＤＡＴ」

＊8　原作小説は専用サイトに設置されたＢＢＳで連載され、同ＢＢＳは２０２４年現在も稼働している。http://www.lily-chou-chou.jp/holic/bbs/（最終閲覧：２０２４年3月12日）

を外界の刺激をシャットダウンするお守りのように持ち歩く、『エヴァ』の碇シンジの姿にも通ずるものを感じさせる。

音楽は空気を媒介にして個人の情緒に訴えかけるものだが、ポータブルオーディオの発明以降、内面に閉じつつも、まるで「世界」とつながったような感覚を味わえるようになった。イヤホン／ヘッドホンの発明以降、音楽は「私」と「世界」を直結させる〈セカイ系〉的なメディアとなったのだ。

そしてリリイのファンは彼女の音楽の魅力について、「エーテルが感じられる」という風に表現する。これはアルファベットで書けばEtherとなる、かつて光を伝導する物質として空気中に満ちていると信じられていたものの名前だ。有線ＬＡＮの一般的な技術規格である「イーサネット（Ethernet）」の語源ともなっており、２０００年代初頭のインターネットが神秘的でエアリーな、「どこか、遠く」へとつながる夢想を呼び起こす、純粋な遠隔通信のメディアとしてイメージされていたことと重ね合わされている。

現在、音楽を聴くのには定額課金制のストリーミングサービスが主流で、ユーザー情報をもとにアルゴリズムがはじき出した「おすすめ」が常に目に入ってきてしまう。特定のアカウントからソーシャルメディアに感想を投稿することへのインセンティブは、こうした仕様とセットになっていると言えるだろう。一方『リリイ・シュシュのすべて』が公開された当時、音楽を外出先で聴くには、インターネットに接続していないスタンドアローンな機器を用いるしかなかった。またインターネット自体もＢＢＳが象徴するように、匿名を基本とする空間だった。

音楽をシェアする喜びはもちろん否定されるべきではないが、それ一辺倒では掬い切れない感情の機微があるだろう。孤独に音楽を聴く経験と、その歌姫への信仰を匿名で書き込む経験がイコールで結ばれていた時代の作品を観ることで、アカウントに紐づけられない、「誰でもない」ことの安らぎに思いを馳せることができるはずだ。

もうひとつ、この流れで名前を挙げたいのが浜崎あゆみだ。１９９８年にデビューした彼女は、ソーシャルメディア以前のインターネットに特有の孤独感を体現する詩人である。その詩情は、「実話をもとにしたフィクション」（美嘉『恋空』）としてガラケーが作中で重要な役割を果たし、「魔法のｉらんど」「エブリスタ」といった投稿サイトを介してやはりガラケーで読まれる、いわゆるケータイ小説にも影響を与えた。ライターの速水健朗は両者の間に見られる共通点として、以下の三点を挙げている。[*9]

1．回想的モノローグ
2．固有名詞の欠如
3．情景描写の欠如

浜崎あゆみは基本的にすべての楽曲の歌詞を自ら手がける。その多くの通奏低音をなすのは、果てのない荒野をひとり彷徨い歩き続けているような、そんな「孤独」の情景である。現在では独りきりになった主人公が、かつてあった幸せな日々を思い返す……つまり「回想的モノローグ」だ。

今日がとても楽しいと
明日もきっと楽しくて
そんな日々が続いてく

＊9　速水健朗『ケータイ小説的。――〝再ヤンキー化〟時代の少女たち』（原書房、2008年）

そう思っていたあの頃
――「SEASONS」（2000）

「君」という二人称が使われていたとしても、語り手との関係は長くは続かず、その先に必ず終わりがあることが示唆される。関係性の先にある破綻は、「(果てなく広すぎた）空」（「Fly high」）、「地球（ホシ）」（「evolution」）、「どこにもない場所」（「SURREAL」）のような、抽象的で茫漠としたイメージに落とし込まれる。

どこにもない場所で
私は私のままで立ってるよ
ねえ君は君のままでいてね
いつまでも君でいて欲しい
――「SURREAL」（2000）

新海誠『君の名は。』（2016）の冒頭シーンで描写された、「目が覚めると、なぜか泣いている」――何を失ったのかは覚えていないが、「何かを失った」という実感だけはある——という感覚を呼び起こす表現が、浜崎あゆみの歌詞にも見られる。「君と僕」の関係は破綻し、「世界の終わり」が訪れたとしても、それでも生きていく。「どこにもない場所」にたどり着き、人は根本的に孤独であると知りながらも、またそこから歩き始める。「現実の恋愛を壮大な言葉で飾り立てた」などと片づけるには強固すぎる一貫性を持つ、ある種の世界観を感じさせるものだ。

そして忘れてはならない点として、浜崎あゆみの歌詞には「僕」という一人称が多く見られる。とはいえ「私」も同程度に用いられており、「僕達」という複数形の人称も多い。浜崎あゆみの人称表現は単数形と複数形の間を行き来し、そのジェンダーも不定なのだ。

僕達はこの長い旅路の
果てに何を想う
誰も皆愛求め彷徨う
旅人なんだろう
共に行こう飽きる程に

――「Voyage」（2002）

歌詞全体を貫く「固有名詞の欠如」「情景描写の欠如」という特徴とも相まって、特定の主人公の視点に固定されない＝万人の感情の「器」となることを可能にする。こうした読解が可能なことは、単に浜崎あゆみが「女性アーティスト」として多くの人に認知されているということを超えて、〈セカイ系〉が男性中心主義的である、という通説を見直すことにつながるだろう。

「恋愛」の脱構築

〈セカイ系〉を「当時のデジタルテクノロジーに媒介された二者関係を描いた作品」として解釈するとき、それを現代のデジタルテクノロジーを介して鑑賞する、受け手の立ち位置が必然的に問題となる。

こうした「二者関係（＝恋愛）の外側に立つ受け手（＝プレイヤー）」の立ち位置を戦略的に織り込んだストーリーテリングに豊富な蓄積があるのが、ＰＣの普及を背景に、やはり２０００年代の前半に隆盛を極めたノベルゲームというメディアである。[*10] ＰＣのモニタに表示されるその画面は、テキストボックス、立ち

＊10　ムーブメントを担ったその大部分は性的あるいは暴力的な描写を含む、18歳未満購入禁止のレーティングが設けられたものだった。日本映画史における「日活ロマンポルノ」の存在と同じく、ある種のオルタナティブな才能が世に出る場として機能していた側面もあり、本書で名前を挙げる麻枝准、田中ロミオ、奈須きのこ、虚淵玄《うろぶちげん》をはじめ、後年オーバーグラウンドの文芸・アニメ・ゲームの世界に活躍の場を移していった出身者も多い。ちなみに、新海誠も過去minoriというブランドの作品のオープニングムービーを手がけていた。

絵と呼ばれるキャラクターの図像、背景グラフィックの三層で基本的には構成されている。中でも恋愛アドベンチャーというジャンルは、プレイヤー＝主人公の一人称視点（主人公の姿は基本的に画面には映らない）で物語が進行していき、会話中に示される選択肢を選んで特定のキャラクターと親密になることがゲームプレイの目的となる。きわめて簡素な構造しか持たない「ゲーム」だが、それゆえに当時のＰＣのスペックでも動かしやすい利点があった。

一般的なノベルゲームの画面構成（『CROSS†CHANNEL』より）

　恋愛アドベンチャーをシナリオの水準のみで分析しようと思ったら当然、キャラクターとの「恋愛」を目的とするゲームであるがゆえに、「君＝ヒロイン」と「僕＝主人公」の話ということになる（男女が逆の場合もあるが、便宜的にこのように整理する）。プレイヤーは基本的に主人公の視点に同化して目の前のヒロインと擬似恋愛を楽しむことを推奨されており、プレイヤー＝僕の選択がヒロインや世界の命運を左右する。「もう二度と晴れなくたっていい！

青空よりも、俺は陽菜がいい！」という主人公の台詞がクライマックスに置かれる新海誠『天気の子』（２０１９）が〈セカイ系〉＝ノベルゲーム的だと公開当時言われた[*11]のは、このような文脈からだった。

そんな恋愛アドベンチャーだが、四六時中恋愛対象とのコミュニケーションが続くわけではなく、小説における地の文にあたる主人公のモノローグが続くパートもある。そのとき、恋愛の相手となるキャラクターの姿は表示されなくなり、がらんどうの街や教室の風景が前面に出てくることになる。さながら人類が絶滅した、「世界の終わり」の光景のようだ。もちろん、本当に人類が絶滅しているわけではない。実際には作中世界には人がいるにもかかわらず、作画コストの関係からモブキャラクターが描かれていないだけだ。

シナリオライター・田中ロミオが手がけた『CROSS†CHANNEL』（２００３）の物語は、こうした恋愛アドベンチャーの「お約束」を逆手にとって、「主要キャラクター以外は、実際に消え失せた世界」を舞台とする。少年時代の殺人のトラウマ――被害者としても、加害者としても――を抱え、自らを指して「人間モドキ」とうそぶく本作の主人公は、集団の中で他者との距離感をうまく

＊11　代表的な言説が以下。「ＰＳ２版天気の子を俺たちは遊んだことが有る気がしてならないんだ。」セラミックロケッツ！　https://cr.hatenablog.com/entry/2019/07/23/000034（最終閲覧：２０２４年３月12日）。なお「ＰＳ２版」とは、恋愛アドベンチャーの最盛期には年齢制限ありのゲームとして発売されたタイトルから当該シーンを差し替えないし削除したバージョンが、当時の人気ハードだったプレイステーション２用向けに再発売されるという事態が多くあったことを示している。

測ることができない。親密になるほど他者を傷つけてしまい、その性質は彼の所属する、精神疾患を抱えた少年少女が集う学校においては最悪の連鎖反応を生んで、最終的に主人公は自身の所属する放送部のメンバー全員を殺害するに至ってしまうのだ。

主人公を含む放送部のメンバーは、合宿の帰り道で人類滅亡後の世界に迷い込んでしまう。そこは現実の世界とは似て非なる世界であり、しかも同じ時間をループしているということに、何度目かのループで主人公は気づく。そこで主人公は一回のループにつきひとりのメンバーとだけ親密になるという縛りを設けて、順番に元いた世界に、自身の瞳に宿った能力を用いて「送還」することを試みるのだ。主人公は「みんな」と仲良くしたかったのだが、それはできないから、二者関係――その対象には同性の友人も含まれる――を複数回繰り返すことによって、ひとりひとりの思い出の中に残ろうとする。本作のループ設定と、主人公のそこからの脱出不可能性という図式は、すべてのヒロインのシナリオを読もうとすれば周回＝浮気が前提となってしまう恋愛アドベンチャーというジャンルへの批判＝批評にもなっている。

最終的に誰もいない世界に取り残された主人公は、青空に向けてラジオの電波を発信する。その声は元の世界に戻った部活メンバーそれぞれのもとに届く。どこか憑き物が落ちたような表情を浮かべて寝転ぶ主人公の姿が三人称視点で描写されて――つまり、プレイヤーが主人公から完全に分離し、「世界の終わり」に浮遊する幽霊のような視点となって――物語は終わる。

Official髭男dismのラブソング「Pretender」(2019)で用いられて以降、一気に人口に膾炙した印象のある「世界線」という言い回しは、ソングライターの藤原聡が自ら語る通り、ノベルゲーム『STEINS;GATE』(2009、アニメ版2011)を由来とするものだ。*12 未来は主体的な行動によって分岐させることができる、というこの言葉に込められた価値観は、ガラケーから過去の自分にメールを送ることで「世界線の移動」が起きる「フォーントリガー」というシステムとして実装されていた。おそらくは開発時期の関係で、2010年を舞台とする同ゲームの前面にスマートフォンやソーシャルメディアは出てこないものの、「個人の投稿が大局を動かす」という点には、ソーシャルメディアの原理念的なものに対する素朴な信頼が刻まれているように思える。同じく「ループもの」である『CROSS † CHANNEL』の、ラジオという一方向的にメッセージを送る

*12 「Official髭男dismもう僕にとってaikoさんはずっと〝星〟ですね。」歌詞検索サービス歌ネット https://www.uta-net.com/user/writer/todaysong.html?id=9646(最終閲覧:2024年3月12日)

ことしかできないメディアを中心に据えていた感性との間には、時代の変わり目が刻まれているように思えてならない。

そして、「世界を変える」どころか、社会の分断を加速させたと振り返られるソーシャルメディアの限界が浮き彫りになった現在では、「結局、世界は変えられないから、せめて、大切な人たちが幸せであるように祈ろう」という後者の感覚のほうが、より切実に響くように思われるのだ。

「半透明」な領域の捕捉

ノベルゲームのプレイ体験における、「プレイヤー」と「主人公」が重なった――「コンピュータを介して物語の世界に没入する自分」と「コンピュータを操作している自分」が二重になった――感覚は、デジタルテクノロジーとともに暮らす私たちの根底をなすものである。その感覚に批評家・哲学者の東浩紀が与えた名前が「ゲーム的リアリズム」だった。

東は〈セカイ系〉作品についても、「ゲーム的リアリズム」と同じ構図の中で受容されるものだと分析している。[*13] 東が注目するのは、それ自体はデジタルテク

＊13　東浩紀『ゲーム的リアリズムの誕生――動物化するポストモダン2』(講談社現代新書、2007年)。正確には、批評家の柄谷行人による近代文学の「自然主義的リアリズム」(科学的根拠をもとに「ありのままの現実」を描き出すという理念)をベースに評論家・漫画原作者の大塚英志による「まんが・アニメ的リアリズム」というキャラクター表現に関する理念が織り込まれたものとしてライトノベルの文体を分析し(「半透明」は柄谷が近代文学の文体を「透明」と言ったことに由来している)、それと同時代的な表現として「ゲーム的リアリズム」

ノロジーと関わりの薄い小説（ライトノベル）だ。「同級生が宇宙人であったり」「学園生活そのものが仮想世界であったり」といったある種でたらめな設定が多く見られる〈セカイ系〉の小説は、それまでの小説にはなかった、「半透明」とでも表現すべき文体を持つという。具体的には、伝統的なＳＦと〈セカイ系〉の差異を考えてみるとイメージしやすい。もちろん前者にもでたらめな設定は多く見られるが、基本的には精緻な科学考証を踏まえていることがジャンルの暗黙の了解となっており、難解な単語が出てくる頻度も高い。一方、アニメや漫画でよく見る類型的な展開や筆致で物語が進むのであれば、最初から「ああ、これはアニメや漫画みたいなものなのね」と、多少設定面の記述の解像度が粗くても――つまり「半透明」なフィルターがかかった状態でも――受け入れられる。コンピュータとインターネットの普及がメディア横断的な作品受容の幅を広げ、実際に記述されていない部分に関しての「脳内補完」がしやすくなったのである。

　東は別のところで、現代人は世界観設定だけでなくキャラクターに対しても、背後に透ける無数の「データベース」――アニメや漫画における、こういう目の描き方ならこういう性格だよね、といった「お約束」の集合――を無意識に参照することでリアルな感情移入を見せるとし、その性質を、コンピュータへの命令

が並行的に見出される、という理路をたどっている。

を視覚的に行えるようにするＧＵＩ（Graphical User Interface）とその背後にあるソースコードとの関係に類比させつつ「過視的（過剰に可視的の意）」と表現していた。[*14] こうしたＧＵＩとソースコードの関係については海外でも、ジェイ・デイヴィッド・ボルターとダイアン・グロマラの共著『メディアは透明になるべきか（原題：Windows and Mirrors）』の中で「あらゆるデジタル作品は透明性と反映性の間で揺れている」と表現されている。[*15]

以上の議論を踏まえた上で、〈セカイ系〉を代表するとされる三作品……『イリヤの空、ＵＦＯの夏』、『最終兵器彼女』、『ほしのこえ』を見てみると、いずれも受け手を「半透明」な立ち位置へと誘導する構造を備えていることに気づく。現実を映し出すメディアとしての作品に与えられる「透明／反映」という二項対立の評価軸の外側にある、第三項としての「半透明」な立ち位置に。

そもそも「セカイ」というカタカナの表記自体が、「世界」という日常的に使われる言葉にフィルターをかけて異化するものだ。〈セカイ系〉は「半透明」な、曖昧な領域を肯定する思想なのである。

＊14　東浩紀『動物化するポストモダン――オタクから見た日本社会』（講談社現代新書、２００１年）

＊15　ジェイ・デイヴィッド・ボルター／ダイアン・グロマラ著、田畑暁生訳『メディアは透明になるべきか』（ＮＴＴ出版、２００７年）

まず小説作品である『イリヤの空、UFOの夏』だが、デジタルテクノロジー、とりわけオーディオ／ビジュアルの要素に注目する本書における重要度は低い。ただライトノベル＝キャラクター小説として、東の言う「半透明の文体」で書かれていることに加え、三人称で書かれている作品であることには言及しておきたい。主人公とヒロインだけでなく、二人を取り巻く人物――二人を監視する大人、第二のヒロイン、主人公の妹など――の視点も描かれているのだ。そして重要な局面においては地の文から主語を消去することによって、読者の心情を一人称視点にシームレスに同化させる。[*16] 小説というメディアならではの技巧を用いて、きわめてスマートに読者を「半透明」な立ち位置に誘導する作品だと言える。

『最終兵器彼女』における「半透明」性は、繊細さと暴力性のあわいを表現する絵筆のタッチによるところが何より大きい。ヒロイン・ちせの抱える、人間としての自我が機械としての自我に侵され、その境界線が曖昧になっていく感覚は、彼女の設定だけでなく、漫画表現として作品全体に充溢しているのだ。また作者である高橋しんは、1967年生まれという世代ながら、デジタル制作環境を1990年代前半というきわめて早い段階で導入した人物でもある。[*17] その「中学生の頃から独学でプログラミングをしていた」「アシスタント経験がないことに

*16　たとえば物語のクライマックス、主人公の浅羽直之がヒロインの伊里野《いりや》加奈のもとに駆けつけるシーン。「浅羽は、通路の行く先に向き直る。／この先に、伊里野がいるのだ。」（第4巻、p.287）そこから二人は再会し、三人称視点で感情の応酬が描かれるのだが、いつの間にか地の文の主語が消去され、浅羽の一人称視点での記述になっている。そして記されるのが浅羽視点での決意「覚悟を、決めた。／世界を滅ぼそう。」（同、p.296）だ。約10ページをかけて、なめらかに読者の視点と主人公の視点を同化させていくのである。

よる技術不足を補うためPCを使い始めた」といった旨の発言を加味すると、連載二作目にして「機械との境目がなくなっていく」という主題が選択されたこと自体に、デジタル制作環境が広く普及するに従って自身の培ってきたスキルが解体・再編されていくことへの、期待と不安がないまぜになった感覚が反映されていると捉えることもできるだろう。

＊17「Drawing With Wacom／高橋しん」ワコムタブレットサイト https://tablet.wacom.co.jp/article/drawing-with-wacom97（最終閲覧：2024年3月12日）

そしてアニメである『ほしのこえ』は『最終兵器彼女』と同じく、画面から新海誠という作者の手仕事の痕跡を視覚的に感じとることができる。ただ、紙とペンという原始的な道具も併用される『最終兵器彼女』と比べ、実写作品ではないにもかかわらずシミュレーションとして画面に合成されたレンズフレア（日光など、強い光源にレンズを向けたときに光のノイズが生じる現象）など、ソフトウェアを用いて作られていることがより前面に出ている。実際、「個人でアニメを作った」新海誠の特異性については、制作に用いられたAdobe製のソフトウェアやApple製のPC（Mac）などとセットで語られることが多い。「こういう機材を使って、こういう技術的な可能性と制約の中で作ったのだろう」というテクノロジーの言葉に還元しやすいこと。作家ではなく、ある意味ではテクノロジーの側が主体となって作品が生み出されたような語りができること自体が、物語の中心となる男女／作り手である新海と受け手である私たちという二者関係をそれぞれ媒介する、第三項としてのデジタルテクノロジーの存在を浮かび上がらせている。

「切なさ」を具現化するために

デジタルテクノロジーが本来的に備えていたはずの、「距離が近く」なるほど「世界が遠く」感じられるという逆接。それは作品というひとつの「世界」を作る立場にとっても、２０００年代初頭までは温存されていたものだった。

１９８０年代半ばからいち早く作業環境にコンピュータを導入したデザイナーの戸田ツトムは、初めてコンピュータに触れた際の感覚を以下のように表現している。

> はじめてのコンピュータ体験、512Kというマシン、9インチービットのモニタへの感激は、ガラスの向こうにあるディスプレイという映像世界ではなく、そこに紙が張り付けられているかのような、いままで体験したことのない現実感と質感をともなっていた。まったく新しいリアリティ…その存在感

は、紙の中でもやや和紙のような質感に連動し、肌理の表層がヒトの細胞の一つずつに対応しているかのような連感。中間の濃度がない白黒の2色だけで表現される図像は、無論、印刷物やテレビに較べるまでもない粗雑な砂絵のようなもので、図像表現はユーザーの想像力による補完を待ち、ユーザー自身の感覚の側で完成しなくてはならなかった。[*18]

このような体験を、戸田もやはり「半透明（の全体）」と表現する。コンピュータに触れた際、扱う側には「皮膚に何がしかの緊張と細胞的な記憶」が呼び起こされるのだとも。

初期のGUIは、PC本体のグラフィック能力の低さからひどくカクついたもので、ユーザーが「遠く」にある完成形のイメージを「近く」に手繰り寄せようとするたびに、何か誤作動が起きているのではないか、という緊張感を走らせるものだった。実行したい操作があっても、それを実現するための複雑なプログラムを動かすスペックがPCの側になかったのだ。身体とプログラムの間にある「ままならなさ」に苛立たないために、扱う側が意識的に「半透明」な感覚の中にとどまることが必要とされたのである。

＊18　戸田ツトム『電子思考へ…――デジタルデザイン、迷想の机上』（日本経済新聞社、2001年）、p．8

２０００年代に入って以降、水滴のシズル感があしらわれたAppleの「Aqua」（２０００）や、曇りガラスのようにウインドウの向こう側が透けるMicrosoftの「Aero」（２００６）が登場し、[19]タッチパネル・インターフェースを備えたスマートフォンやタブレットが普及した２０１０年代以降は、オブジェクトの「動き」のデザインに注力するGoogleの「Material Design」（２０１４）が主流になるといった形で、ＧＵＩのトレンドは移り変わってきた。[20]こうして名前を並べてみるとわかる通り、かつては人間の側が感覚を研ぎ澄ますことで立ち現れていた「半透明」な感覚は、テクノロジーの進展に従い、まずＧＵＩ表面の意匠（Aqua＝水／Aero＝空気）へと移動し、情報に「触れて」操作することができるようになってからは、不透明な物質（Material）の挙動を再現する方向へと進んでいる。

工学研究者の渡邊恵太は、スマートフォン以降のデジタル・インターフェース設計のキーワードとして「自己帰属感」という概念を提示している。[21]「一時保存」のボタンが未だにフロッピーディスクの形を模しているように、かつては記号と機能を視覚的に対応させるようなものが目立っていた。しかしタッチパネル

＊19　以下の記事を参照。土屋泰洋「UIと音をめぐる機能と官能」ÉKRITS https://ekrits.jp/2022/08/7313/（最終閲覧：２０２４年３月12日）

＊20　以下の記事を参照。水野勝仁「連載・サーフェイスから透かし見る👓👀🤳 第7回「モノ」らしさを持つデータとサーフェイスを包含して剥き出しになったバルク」MASSAGE MAGAZINE https://themassage.jp/archives/9863（最終閲覧：２０２４年３月12日）

＊21　渡邊恵太『融けるデザイン――ハード×ソフト×ネット時代の新たな設計論』（ビー・

エヌ・エヌ、2015年）

が全盛の時代においては、「触る」「フリックする」といった身体を用いたジェスチャーの結果を、タイムラグなく画面上に反映できることが第一の目標となる。背後で動いている仕組みのことはよくわからないけれど、とりあえず自分のジェスチャーがこの結果を実現したんだ、とユーザーに思わせられることが重要なのだと。渡邊のスタンスはあくまで価値中立的なものだが、こうしたインターフェースの設計思想が、アカウントという単位を基本としたソーシャルメディアと結びつくことで、「私＝アカウント」という意識をいたずらに増幅させているのではないか。「（情報に）触れる」と「（ネットワークに）つながる」がひとつの行為になることで、常に「（私の）身体」と「（私の）名前」が対応づけられる現実空間と同様に、情報空間においても「何者か」でなければならない、という強迫観念が高まってしまうように思われるのだ。

この意味でも、かつてのコンピュータ体験が備えていた「半透明」な感覚は取り戻すべきものだ。テクノロジーの発展は一方向的で後戻りはできないが、同じ感覚は〈セカイ系〉作品の中に内在していて、それを鑑賞することで再起動させることができる。失われると知っていながら、それを押し止めることはできず、悲しみに暮れながらも、何とかしてつなぎ留めようとする。機械としての自我に侵されながらも、人間でありたいと願い、その境界にとどまろうとする。無力感とわずかな希望の間で揺れる、両義性の感覚……それをより平たい言葉で、「切なさ」と呼んでもいいだろう。

これが、本書がデジタルテクノロジーとともに「(作品を)作る」プロセスに目を向ける理由である。先述のようにGUIのトレンドも移り変わっているとはいえ、「作る」ことにおいては未だにPCにインストールした、ネットワークから自立して動くソフトウェアを使うことが主流である。かつてのコンピュータとの関係の中にあった緊張感を、私たちは「作る」ことを通じてなら取り戻すことができるのではないか。

〈セカイ系〉は、コンピュータと向き合う「半透明」な感覚の中から、その同義語でもある「切なさ」を作品という形に具現化してきた。ソーシャルメディアに拡散する前の自己にとどまり、孤独な時空間の中で「世界の終わり」を待ち構えること。自ら「世界線」を移動することなどできない無力感の中で、「切なさ」を噛み締めること。こうしたイメージの輪郭を、〈セカイ系〉作品の制作プロセスを解体することで摑むことができるはずだ。

以上を踏まえて次章からは、そんな〈セカイ系〉の系譜に位置づけられる作家たちが、２０２０年代の現在、実際にどのように作品を生み出しているのか見ていくことにしよう。

2章

デジタルな実存の再構築《リビルド》

Towards You,
Weaving
"The End of the World"

Chapter Two

ポスト『シン・エヴァ』の〈セカイ系〉

2021年3月、「さらば、全てのエヴァンゲリオン。」というキャッチコピーとともに『シン・エヴァンゲリオン劇場版』(以下『シン・エヴァ』)が公開された。前島賢は『セカイ系とは何か』で、〈セカイ系〉の簡潔な定義として「ポスト・エヴァンゲリオンの作品群」というものを与えていたわけだが、ならば当然、今〈セカイ系〉を改めて語ろうとする私たちは『シン・エヴァ』を踏まえなければならないだろう。

前島の言う「エヴァっぽさ」とは何か。それは「自分のこと」を「世界のこと」に結びつけるような、ある種の誇大妄想的な語り口のことである。確かに1995年に放送を開始したテレビシリーズ『新世紀エヴァンゲリオン』は、内省的な主人公・碇シンジを中心に、まるまる全編が彼のモノローグで埋め尽くされるといったエピソードさえある作品だった。後に〈セカイ系〉の定義につけ加えられた恋愛要素に関しても、綾波レイ、惣流・アスカ・ラングレー、葛城ミサト、渚カヲルといったシンジと「カップリング」になりそうなキャラクターは複数登場するものの、基本的には「使徒」の襲来という巨大な事態を前にして空転し続けるシンジのモノローグ=主観描写に回収されるという構造を持っていた。

絵コンテや台本のト書きをそのまま画面上に映し出すという前衛的な手法を用いてテレビシリーズは最終回を迎えた。「戦略自衛隊」によるネルフ本部襲撃や「人類補完計画」の発動といった作中世界で実際に起こったことは直接描かず、そうした事態に接して懊悩するシンジの「心の補完」のみを描くことに終始したのだ。その後、1997年に完結編として公開された劇場版『Ａｉｒ／まごころを、君に』（以下『旧劇場版』、テレビシリーズと合わせて言及する際は「旧シリーズ」とする）では、人類すべての魂と身体の境界をなくすという「人類補完計画」の顛末が描かれる。計画のコアたるエヴァンゲリオン初号機に取り込まれたシンジが他者のいる世界を望んだことで、最終的に計画は失敗に終わった。人類どころか、どうやらすべての生物が死に絶えたことを示唆する真っ赤な海の波打ち際で、アスカが自らの首を締めるシンジに対して「気持ち悪い」と吐き捨てるのがラストシーンである。

『旧劇場版』では、主人公であるシンジの精神世界を描く際に「観客席を画面に映す」という手法が用いられていたこともあり、作品のファンに対する「アニメという虚構にいつまでも溺れるな、現実へ帰れ」というメッセージが込められていたとする見方が一般的だ。シンジ以外に唯一残った「他者」の象徴たるアスカは彼のことを拒絶するが、そうした痛みを噛み締めていくことこそ「現実」を生きることに他ならないのだと。しかし、件のラストシーンは素朴なレベルで非常に沈鬱なものであり、当時の時代状況などを踏まえたメタな読みをしないかぎり、前向きなメッセージを読み込むことは難しい。海を染めた赤色は血の色、「この肉体」の存在を強く意識させるもので、「ここ以外に、どこにも行き場所はない」という行き詰まりの感覚を強く覚えさせるものだった。

『エヴァンゲリヲン新劇場版：序』（２００７）から始まり、『破』（２００９）、『Q』（２０１２）、そして『シン・エヴァ』にて幕を降ろした「エヴァンゲリオン新劇場版」シリーズ（以下「新シリーズ」）は、結果から言えば『旧劇場版』の結末と正反対の余韻を残すものとなった。シリーズを通して苦悩を吐露してきたキャラクターたちはそれぞれの人生への納得と居場所を見つけ、一様に晴れやかな表情を浮かべて作中世界から退場していったのだ。

しかしそれは巷で言われるように、自意識の悩みに囚われなくなったシンジが「成長」し、「大人」になってパートナーとともに地元に帰り……といった解釈で終わりにしていいものなのだろうか。庵野の故郷である山口県宇部市街の実写映像が最後に映し出されることから、最終パートを切り取って（『旧劇場版』とはまた異なるアプローチで）「現実に帰れ」と促していると解釈したくなる気持ちもわからなくはない。しかしあの最終パートはむしろオマケのようなもので、本来はその手前に置かれた、ひとり静かに砂浜に座り水平線の向こうの青空を見つめる、あのシンジの姿こそが重要なのではないか。それまで新旧シリーズを通して多弁にモノローグを弄し続けてきたシンジ自身が、自意識の暴走によってさまざまな惨事を引き起こしてきたことを省みた結果として、あの沈黙があったのだとすれば。

『シン・エヴァンゲリオン劇場版』より、ラスト付近の碇シンジの姿

偶然かもしれないが、旧シリーズがテレビ放送・劇場公開された20世紀末は、一般家庭にPCとインターネットが普及し始めた時期だ。当時のインターネットは匿名がデフォルトで、無限に広がる「サイバースペース」に投げた独り言が、秘密の通路を通って「どこか」へ届くかもしれないという感覚が共有されていた。「何者でもない」自分でも、この新しいテクノロ

ジーの助けを借りれば、「世界の終わり」に立ち会うことができるのかもしれないと。

対して新シリーズの公開が始まった2007年は、スティーブ・ジョブズがiPhoneを発表した年だ（日本では2008年に発売）。また2006年にはアメリカでTwitterがサービスを開始、2008年には日本に上陸している。スマートフォンは情報に近い距離で「触れる」感覚を強め、ソーシャルメディアは投稿したそばから「リプライ待ち」の体勢をユーザーに強いる。現代のインターネットはもはや、「世界の終わり」に向けて独り言を投じるような場所ではない。

旧シリーズでは語り部であるシンジのモノローグを、「世界の終わり」＝『エヴァ』という現象の終わりに重ね合わせることしかできなかった。一方、2000年代後半～2010年代にかけて公開された新シリーズでは、虚実が入り混じり、当事者性の求められるソーシャルメディア的なコミュニケーション環境の中に語り部の立ち位置を定められず――『破』から『Q』の間には、ソーシャルメディア上の風景を一変させた東日本大震災もあった――立ちすくませることしかできなかった。

ソーシャルメディアでは登録時に固有のアカウントを取得する以上、原理的に「何者か」として投稿することしかできない。「世界」という大文字の主語で物事を語ろうものなら、「お前は何様なんだ」と過去の投稿にまで遡って指摘されてしまうだろう。しかし初期のインターネットにはあった、見果てぬ遠くに「誰でもない誰か」として接続する感覚……それが「『世界』っていう言葉がある。」という台詞から始まる、『ほしのこえ』のような個人制作の作品が生まれる土壌となったことも確かなはずだ。

現実とは一切の接点を持たない「どこにもない場所」で、沈黙し青空を見つめるシンジの姿。その視線は、現代の情報環境においてなお「誰でもない誰か」であることにとどまりつつ、同時に「世界の終わり」に向けてメッセージを投じるための道筋を見据えているように思えるのだ。

「反省」する主体

『序』のラストで渚カヲルが発した、「碇シンジ君。今度こそ、君だけは幸せにしてみせるよ」という台詞にすでに表れていた通り、『エヴァ』旧シリーズと新シリーズは「ループ」の関係にあることが示唆されている。実際、『序』は海が赤く染まった状態から始まり、旧シリーズの結末を引き継いでいるようである。

そんな新シリーズが最終的に至った、シンジの目の前に広がる青空は、「ここではないどこか」の象徴だ。言い換えればひとつの「世界」である『エヴァ』という作品が、この先には何もない「終わり」に至ったということである。

鑑賞者と視点を共有する主人公が「世界の終わり」に至ることで、「作品」というフレームの外へと鑑賞者の位置が移動し、「鑑賞経験の終わり」と重なり合う。この経験は、ドイツ・ロマン派と呼ばれる芸術潮流の経験に通じている。青もまた、詩人ノヴァーリスの小説『青い花』に代表されるように、この芸術潮流の象徴的な色だった。

ドイツ・ロマン派の代表的な作品とされるのが、カスパー・ダーヴィト・フリードリヒの《海辺の修道士》、《雲海の上の旅人》といった絵画である。こちら側に背を向けた人物が、目の前に広がる青空に対して、とても小さく描かれる。青空はキリスト教的な「神」のおわすところ、決してたどり着けない「世界の果て」として、ドイツ・ロマン派の絵画の中に描かれてきた。

青空を向こうに回しこちら側に背を向けた人物を、作者／鑑賞者の写し身として素朴に解釈するとき、それは人間が「世界の果て」を前にして打ちひしがれる様を描いた、メランコリーの絵画にすぎない。しかし絵画を単一のものとしてではなく、複数枚からなる「ドイツ・ロマン派の絵画」という総体の一部として捉えたとき、「世界の果て」を前にした人間、の絵を見ている私（も誰かにまた見ら

フリードリヒ《海辺の修道士》

フリードリヒ《雲海の上の旅人》

れていて……）」という、終わりなき作品外への遡行感覚を与える体験になる。

こうした反復的な体験を捉えるのに有効なのが、ドイツ・ロマン派の思想的基盤でもあるドイツ観念論の中心的概念、「反省」である。これは、同じ言葉が日本語では「反省する」のように動詞として想像されがちなのとは異なり、それ自体として「反省」という存在が（主語となる人間よりも）先立つというものである。『なぜ世界は存在しないのか』[*22]なる著作が世界的なベストセラーになった現代ドイツの哲学者、マルクス・ガブリエルは、もともとはドイツ観念論の代表的哲学者であるシェリングの研究者だが、この「反省」について次のような比喩で説明している。

原則的に、映画を現に撮影しているカメラを見ることは不可能である。たとえカメラが映画に映ったとしても（それは映画の標準的な自己言及的な表現法である）、そしてたとえシーンを撮影しているカメラが鏡に映ったとしても、我々がそれを映画の中で見る時には我々は実際のカメラを見ているわけではない。〔…〕一つの映画の世界の現象を可能にしている現実の装置は、映画の世界の内部に現れることができない。[*23]

＊22　原著〝Warum es die Welt nicht gibt〟は2013年にドイツで刊行。邦訳は清水一浩が手がけ、講談社より講談社選書メチエとして2018年に刊行された。

＊23　「反省という神話的存在——ヘーゲル、シェリング、必然性の偶然性について」、マルクス・ガブリエル／スラヴォイ・ジジェク著、大河内泰樹／斎藤幸平監訳『神話・狂気・哄笑——ドイツ観念論における主体性』（堀之内出版、2009年）所収

つまり、「映画を撮影しているカメラを、その映画の観客は見ることができない」、この命題を示す言葉が「反省」である。ガブリエルの唱える「世界は存在しない」という命題は、ユニコーンなど架空の生物も含め、「〇〇は存在する」と表現できるすべての対象を包み込む〈世界〉なるものは存在しない、というほどの意味だが、こうして突き合わせてみると根幹にあるのは「反省」と同じく「世界の果て」——たとえば「ユニコーンが存在する世界」が現実的なものだとは信じられなくなる限界の地点——を前にして、その「世界」を枠づけるフレームの外へと遡行する、主体の位置を問うものだと理解できるだろう。

現代においてこの「反省」を作品に定着させる試みを行っている美術家として、ゲルハルト・リヒターの名前を挙げることができる。彼の代表的な絵画のシリーズ《アブストラクト・ペインティング》は、スキージと呼ばれるヘラ状の道具で引き延ばされた絵具が何重にも塗り重ねられた、文字通りアブストラクト（抽象的）な画面で構成されている。リヒターがドイツ出身であることを加味すると、その抽象性はドイツ・ロマン派の絵画の青空にも通じているように思える。[＊24] そこには人物像は描かれていないが、展示空間内でのキャンバスと鑑賞者との関係が、

＊24　リヒターをドイツ・ロマン派の系譜に位置づける解釈については、美術史研究者である仲間裕子の著作『C．D．フリードリヒ——〝画家のアトリエからの眺め〟視覚と思考の近代』（三元社、2007年）から大きな示唆を得た。

リヒターによる《アブストラクト・ペインティング》の制作風景（映画『ゲルハルト・リヒター ペインティング』より）

リヒター《8枚のガラス》（ウェブ版「美術手帖」より）

ドイツ・ロマン派の絵画における「青空」対「人間」の構図を代替する。写真を精密にトレースして制作する絵画のシリーズ《フォト・ペインティング》など、写真と絵画の関係性を問う作品も多く手がけるリヒターは、自身の絵画とそれを見ている鑑賞者がひとつの記録写真の中に収められることも、当然前提としているはずである。

またリヒターは平面作品だけでなく、複数枚のガラスからなる立体作品も制作している。その前に立つと、半透明になった自分の姿が映り込む。鑑賞者が「ガラス＝絵画」の中に「描き込まれる」のだ。スマートフォンのカメラで撮影したその様子を、ソーシャルメディアに投稿したとき、他人のタイムライン上で半透明の像はさらに多重化されるだろう。リヒターは、主体を世界から無限にフレームアウトさせる装置としてのドイツ・ロマン派絵画の伝統を受け継ぎつつ、そのデジタルメディア以降の展開をも射程に収めた作家だと言える。

そして『シン・エヴァ』はリヒターの仕事にも匹敵する強度で、同じ主題をアニメというメディアにおいて描き出している。

青空を向こうに回したシンジを観客が背後から眺める構図は、『シン・エヴァ』の中で二度反復される。二度目は先ほどから言及しているクライマックスのパートだが、一度目は「第3村」の外れにある廃墟で、シンジが何をするでもなく膝を抱え続けるパートだ。おそらくこのときのシンジは、目の前に広がる空の青さに想いを馳せられるほど、心が回復していない。おそらく目に光は入っていたとしても、心の中に何のイメージも結んでいないのだ。観客はそんな彼の背後から、シンジ・廃墟と化した旧ネルフ支部・そして青空をひとつの視界に収める。

廃墟もまた「空の彼方を見つめる人物像」と並んで、ドイツ・ロマン派の絵画作品を象徴するモチーフだ。代表作のひとつ《オークの森の修道院》など、フリードリヒの作品の中にも何度も現れている。風化して瓦礫になった建造物は、ドイツ・ロマン派の作家が自らの実存の断片性を投影したものであり、ドイツ文学研究者の今泉文子によれば、ノヴァーリスをはじめとした詩人たちが「断章」という短い文章の集まりからなる形式を好んだのも、これと同じ理由なのだという。*25

『シン・エヴァンゲリオン劇場版』より、「第3村」の廃墟での碇シンジの姿

旧ネルフ支部でのパートは、シンジが自身の行動が渚カヲルの死と「ニアサードインパクト」の発動を引き起こした現実を受け止めきれず、ばらばらになった心をつなぎ合わせる過程として機能している。観客は回復していくシンジの後ろ姿を、廃墟の一部として眺めることになる。一切の能動的な行動を起こさないその姿は、さながら廃墟に転がった瓦礫と同じ、物言わぬ「モノ」だ。観客の感情移入を跳ねのけるようなこの長いシークエンスを通して、『シン・エヴァ』はシンジというキャラクターへの素朴な感情移入をさせない、「反省」的な――「この画面を見る私」を画面の中に織り込んだ――鑑賞を観客に促す。ここに至って、観客とシンジは異なる存

＊25　今泉文子「「廃墟」とロマン主義――断片が生い育つ ティーク、ノヴァーリスに見るロマン派の廃墟のモティーフ」、谷川渥編『廃墟大全』（中公文庫、2003年）所収

在として、決定的に分離されるのだ。そこに映っているシンジはリヒターのガラス作品に描き込まれた、「半透明」な主体である。

思えばテレビシリーズ『新世紀エヴァンゲリオン』のオープニング映像は、〈蒼い風がいま　胸のドアを叩いても〉と歌われる「残酷な天使のテーゼ」のメロディに乗せて、「青空」に「半透明」なシンジの横顔がコラージュされるシークエンスから始まっていた。庵野秀明による、カットアップを多用した、サンプリングに満ちた、アニメーションを線画やセル画や絵コンテや台本のト書きといった素材に解体していくような手つきはすでにこのオープニング映像の中に表れており、正しく彼が「モノ」の作家であることを示している。*26 その後の沈鬱な展開を感じさせないほど、このオープニング映像には澄み切った疾走感があり、リニアなテレビシリーズという枠組みから解き放たれた『エヴァ』というタイトルが、一周して原初のイメージに還ってきた、という趣も『シン・エヴァ』のラストには感じられる。

「REBUILD」とは何だったのか

シンジの断片化された生とその修復は、単なるドイツ・ロマン派的な構図の反

＊26　ちなみにテレビシリーズ放送後のインタビューで庵野は、人間はおろか、植物を含む生物の一切に本当は興味がなく、それゆえに人間ドラマを描く際には、苦肉の策としてすべてのキャラクターに自分自身を投影していたという主旨の発言をしていた。「人間ドラマなんて、そうそうやれるもんじゃないですよ。だって、全然わからない他人を描くってことじゃないですか。その上、その関係までも描かなきゃならない。〔…〕僕は、結局、頭の中で考えてもできないんで、しかたなく自分をドラマにそのまま投影している」、以下の文献を参照。竹熊健

復ではなく、デジタル時代における「作品＝世界」とはいかにして作られるのか、という巨大な問いをも射程に収めている。

太郎編『庵野秀明 パラノ・エヴァンゲリオン』（太田出版、1997年）

現在はもう忘れた人が多いかもしれないが、ストーリーの大筋に旧シリーズからの変化がなかった『序』の時点では、「REBUILD」という手法が用いられていることが新シリーズのセールスポイントとして強調されていた。それは旧シリーズの物語や映像をいったん素材に還し、文字通り再構築《リビルド》するというものである。以下、公式サイトに記載されたテキストを引用する。

10年以上も保存されていた貴重な原画、動画、レイアウト（画面の設計図）、背景をスタジオに結集し、検分した上で改めて「どう料理するか」の決定がくだされる。ビスタサイズに合わせて再フレーミングが行われ、画面構成のクオリティをアップすべくレイアウトの多くは描き直されている。原画も作画監督が現在の目で見直し、細かな手が加えられた。キャラクターのフォルムや影のニュアンス、演技を必要に応じて修正、メカの描き込みも格段にレベルが上がっている。背景に関しても密度感、色彩、光と影の表現がより美麗になっている。

柔軟な修正が可能なことを前提に、ＥＶＡシリーズのディテール、武器を中心に大量の新設定が描き起こされ、そしてＴＶシリーズでは省略された部分も設定に立ち返って劇場用に復元、強化された。色彩もセル絵の具時代は数が限られていたが、デジタル技術でリニューアル。その新鮮さは、『エヴァ映像』本来の味わいを引き出し、驚嘆を招くはずだ。

現在のアニメ制作はペイント、撮影以後の工程を「フルデジタル化」し、「２Ｄ＝手描き」に加えて「３Ｄ＝コンピュータ・グラフィックス」が導入されて映像が高度化している。「REBUILD」ではこの最新状況をふまえ、カットごとに最適な処方が選ばれている。

「ＥＶＡ初号機」や「使徒」の一部は３Ｄ表現に置き換えられ、予想を大きく超えるパワーアップを果たしている。超常能力の発現が大画面に展開し、強大なスペクタクルが眼前に迫る。モニタ表示や第３新東京市の兵装ビル群など、画面ディテールも３Ｄで細かく補強。高クオリティ映像のテイストは一段と深みを増す。[*27]

＊27 「ここがみどころ」『ヱヴァンゲリヲン新劇場版：序』公式サイト https://www.evangelion.co.jp/1_0/highlight.html（最終閲覧：２０２４年３月12日）

つまり「REBUILD」とは「はじめから『エヴァ』をフルデジタルで作っていたら」という「if」の実験である。デジタルの性質、それは色も形も明暗も、あらゆるパラメータを煎じ詰めれば二進法のデータに還元できるということだ。

メディア理論家のレフ・マノヴィッチは、コンピュータ上で映画や絵画、その他もろもろの従来の表現フォーマットが再現されたものを「ニューメディア」と呼んで区別した。ニューメディアを制作するためのソフトウェアはコンピュータ・サイエンスの論文として発表されたアルゴリズムの集積であり、それが人間にとって利用しやすいコマンドとして実装されている。「画像編集用」や「音声編集用」といった用途の別を貫通して、そこには相通ずる技法が認められる。

ニューメディアのデザイナーは、取り扱う対象が定量的なデータであれ、文章であれ、画像やヴィデオや3D空間であれ、それらを組み合わせたものであれ、いつも同じ技法——コピー、カット、ペースト、検索、合成、変換、フィルターなど——を用いる。*28

*28　レフ・マノヴィッチ著、堀潤之訳『ニューメディアの言語』（ちくま学芸文庫、2023年）

こうした技法を総称して、マノヴィッチは「オペレーション」と呼ぶ。これにしたがって「ニューメディアのデザイナー」、つまりソフトウェアと協働しながら望む結果を実現させる主体のことを「オペレーター」と呼ぶことにしよう。

哲学者、ヴィレム・フルッサーによる「道具」の時代／「機械」の時代／「装置」の時代という区分[*29]は、この新たな主体性を理解する上での補助線になる。「道具」はあくまで「使われる」もので、人間がもともと持つ能力を拡張する（例として、ハンマーが手の延長として「叩く」能力を拡張するなど）。「機械」は自律的なシステムを持ち、人間の周囲を取り巻いて大量生産を行う。そしてその後に来る「装置」は、人間と一体化、いやむしろ人間がその機能の一部になることで生産活動を行うものである。たとえば、カメラは「装置」の最も基本的なものだ。カメラは撮影した対象を内蔵した光学的な仕組みによって写真として出力するわけだが、その仕組みの詳細が撮影者に意識されることはない。しかしカメラ自身は勝手に動き回って撮影を完了することはできない（AIを搭載した撮影システムについてはここでは措く）。写真は撮影者の意図の反映ではなく、しかしカメラが勝手に生み出すものでもない。写真を含む「装置」と人間（オペレーター）の共同生産物を、フルッサーは一括して「テクノ画像」と呼んだ。

＊29　ヴィレム・フルッサー著、深川雅文訳『写真の哲学のために――テクノロジーとヴィジュアルカルチャー』（勁草書房、1999年）

整理すると、オペレーターとは、「道具」を用いて意図通りの世界を描き出す主体ではなく、「装置」と協働して世界の情報を取り込み、新たな形に組み替えて出力する主体である。沈黙を続けるシンジの心が、断片化された「モノ」から「ヒト」の形へと修復されていくのを待つ観客の時間は、この時代性の変化に対応している。もちろん旧シリーズの時代においてもカメラをはじめとした「装置」はあったが、現在PCやスマートフォンを通じてするように、誰もが日常的に「テクノ画像」を生産することはなかった。旧シリーズまでの、「庵野秀明」というひとりの作家の意図の反映として『エヴァ』を解釈する見方から、ソフトウェアや大勢のスタッフとの協働によって出力されたものとして『エヴァ』を解釈する見方へと観客ひとりひとりが転回するためには、それだけの時間が必要だったのである。

そしてたどり着いた、二度目の青空が広がる空間。カヲル・アスカ・レイ……「チルドレン」たちを『エヴァ』という作品の外部に送り出し、すべての役割を終えたシンジは、モノクロの線画に解体されそうになる。そこに真希波・マリ・イラストリアスが迎えに来て、画面に色が戻るのだが、この描写が表しているのは「モノ」が「ヒト」になるには、自分以外の誰かに呼びかけてもらうことが不可欠だということだ。マリが「8＋9＋10＋11＋12号機」という、継ぎ接ぎの機体に対して感謝を告げるのは、旧シリーズを解体することで始まった「REBUILD」のプロセスが、観客との信頼関係の中でついに完了したことを示している。

シンジを迎えに来るのがマリなのは、レイやアスカ、ミサトと結ばれる「ルート」が否定されたということではなく、彼女が単に旧シリーズには登場しなかったキャラだからにすぎない。マリは、「真希波・マリ・イラストリアス」という、固有名詞に基づく来歴を持ったひとりの個人としてではなく（実際、彼女の詳細な来歴は本編中で明らかにされることはない）、「旧シリーズを破壊する」という役割[*30]を忠実にこなす「誰でもない誰か」として、シンジを新たな世界——デジタルテクノロジーによって合成された、アニメーションと実写の溶け合った映像の中——に連れ出しているのである。

なぜ「使徒」は消えていったのか

ここまで、画面に映った「碇シンジ」という主人公の姿から、私たちはどのよ

＊30　総監督である庵野の下、新シリーズを通して監督を務めた鶴巻和哉の証言によれば、『破』から登場したマリは庵野によって明確に『エヴァ』世界を破壊するためのキャラクター」と定義された上で新シリーズに投入され、設定面や声優へのディレクションに関しては、鶴巻に一任される形だったという。以下の文献を参照。藤田直哉『シン・エヴァンゲリオン論』（河出新書、2021年）

うな生のあり方を受け取れるのかを考えてきた。『シン・エヴァ』論としてはここで終えても良いのだが、今後の〈セカイ系〉論の展開のために、ひとつ取りこぼしたトピックを拾っておきたい。

それは「使徒」についてである。新シリーズの『Q』以降において、その存在はほとんど忘れられたようになっている。しかし旧シリーズにおいて、次々に登場するその多種多様なデザインは『エヴァ』というタイトルを強力に牽引する要素だった。ネルフ本部を強襲した最強の使徒・ゼルエルに代表される生物と無機的な兵器の中間をなすようなデザインはもちろん、コンピュータウイルス型や粘菌のような寄生生物型など、その生態(?)もさまざまだった。英語表記では「ANGEL」となっており、各個体には聖書に登場する天使の名前が与えられている。

天使の存在感が次第に消えていく……そのようなプロセスとして新シリーズを見たとき、「REBUILD」についてまた別角度から考察することができる。

天使とは、神の言葉を人間に伝える媒介者、つまりメディアである。[*31] 使徒=メ

*31　天使=メディア論の国内における主要な著作として、山内志朗『新版 天使の記号学』(岩波現代文庫、2019年)がある。2001年に原著刊行の同書内では『エヴァ』に関する言及もあり、また同著者は近刊『自分探しの倫理学』(トランスビュー、2021年)や『わからないまま考える』(文藝春秋、2021年)でも中世哲学の専門家という立場から『エヴァ』ないし〈セカイ系〉の現代的意味についての考察を行っている。

ディアと考えると、その多種多様なデザインは、人類に「攻撃」という名のコミュニケーション（！）を行うインターフェースのバリエーションだったと言える。その多様性を破壊し尽くした後、最後に残ったのが人型のインターフェースを備えた使徒、渚カヲルだったのだ。

天使のメディア性について考える上で有用なのが、哲学者、ミシェル・セールの思想である。彼の思想における主要概念として「準‐主体／準‐客体」というものがある。セール自身がよく使う比喩で言えば、「サッカーの試合におけるボール」のようなものである。サッカーの試合は、選手同士が主体的にボールという客体を奪い合っているようでいて、ボールのほうが選手を動かしており、「試合」というひとつのネットワークを形成しているという風に見ることもできる。後者の見方に立つとき、ボールと選手の「主体／客体」という関係は、半分は主体的で半分は客体的なもの、すなわち「準‐主体／準‐客体」という関係となる。*32

そんなセールは、1993年に天使についての著作も残している。*33 そこでは郵便配達人や翻訳者といった広くコミュニケーションに関わる職業に従事する人々、

＊32　セールの「準‐主体／準‐客体」論に関しては、以下の文献を参照した。清水高志『ミシェル・セール――普遍学からアクター・ネットワークまで』（白水社、2013年）

＊33　〝La Légende des Anges, Flammarion〟、邦訳文献として以下を参照した。石田英敬訳「天使伝説」、『現代思想』1994年10月号 特集＝天使というメディア』（青土社、1994年）所収

インターネットを実現する光ファイバーやそれを接続するコンピュータのシステムも含めて、現代における天使の現れとされているのだ。もはや言うまでもないことだが、天使こそ「準‐主体／準‐客体」の最たるものだ。その「神でも人でもない」という性質が「準」の部分に相当するわけである。

新シリーズにおいて、次第に存在感を薄めていく使徒。彼らは何を媒介していたのだろうか？　それは作中で行われるコミュニケーションであると同時に――「ヤシマ作戦」に代表される使徒との戦いは、人間が人間同士だけでなく兵器やオペレーティングシステムといった「モノ」たちと行うコミュニケーションの総体と見なせる――旧シリーズと新シリーズの関係そのものだったと考えられる。

新シリーズがフルデジタルで再構築《リビルド》されるにあたり、真っ先に3DCGを用いて作り直されることが決まったのは使徒だったという。[*34]『序』の「ヤシマ作戦」の相手、青い結晶型の使徒・ラミエルはその代表的なもので、美しさすら覚える複雑な幾何学的変形を繰り返す。明らかに3Dを用いなければ不可能なその挙動は、旧シリーズとの差異を象徴的に示していた。

*34「特撮からアニメへ、アニメから特撮へ『ヱヴァンゲリヲン新劇場版』シリーズにおけるデジタル表現の変化【CEDEC+KYUSHU 2022】」IGN Japan https://jp.ign.com/shin-evangelion/70040/feature/cedeckyushu-2022（最終閲覧：2024年3月12日）

３ＤＣＧのラミエルは、ソフトウェアとそれを扱うオペレーターとの協働によって生まれた、まさに結晶と言えるものだが、当時、旧シリーズの記憶を携えて劇場に足を運んだ観客にとっては、異物感――良い悪いというよりは、純粋に見慣れないものとして――を強調するものとして働いた。新シリーズはこの異物感を次第に薄め、観客をフルデジタルの世界に順応させていくプロセスだったと言える。

『Ｑ』で「最後の使徒」として渚カヲルが退場した後、『シン・エヴァ』に至ってデジタルテクノロジーを用いた制作プロセスは、作品の全面に展開している。物語の内容的に最もテクノロジーから遠いはずの「第３村」のシーンにおいてさえ、独自開発のバーチャルカメラシステムを用いたプリビジュアライゼーション（以下「プリヴィズ」）という手法――ＮＨＫ「プロフェッショナル 仕事の流儀」特別版にも映し出されていた、大勢のスタッフにスマートフォンを持たせてモーショントラッキングを装着した生身の俳優の演技を複数のアングルから撮影、大量に撮り貯めた素材の中から庵野が最適なものをチョイスしていくという工程――が導入されているのだ。

すべての使徒が画面から消えたことは、フルデジタル化というトピック自体を売りにしていた「REBUILD」のプロセスがついに完了したことを示していた。この先でデジタルテクノロジーを用いるのは、純粋に主題を突き詰めるためである、という合図だったのだ。

再構築《リビルド》的な鑑賞に向けて

『シン・エヴァ』の主題とは何だったのか。ひとつは碇シンジの姿を通して、沈黙の中で「モノ」から「ヒト」へ回復する道筋を示すことである。

しかし一方で、改めて「ヒト」よりも「モノ」が優位になるような世界観を展開し、制作のための手法として民主化することも目指されていたように思える。先に述べたように、庵野は旧シリーズの頃からアニメーションという人工物を素材に解体した上で再構築《リビルド》するような作家性を持っていた。誰もがPCやスマートフォンといった「装置」——世界をデータという「モノ」に解体し、ブラックボックスを通して別の世界を作り出すようなテクノロジー——を持つようになった現在でなら、庵野秀明という先進的な作家を頂点とするヒエラルキーではなく、フラットに「モノ」を軸とした制作体制が実現できるはずだからだ。

『シン・エヴァ』というプロジェクトがどのように進行したのか、関係者のさまざまな証言を参考に検証を行った書籍『プロジェクト・シン・エヴァンゲリオン』の中で庵野は、プリヴィズを導入した理由として、予定調和に陥りがちな画コンテという設計図から脱却する狙いがあった旨を述べている。

僕がやりたかったプリヴィズの形は、画コンテは用意せずに、複数人が脚本を多様に解釈したうえ、カット割もカットのアングルも画コンテのようにひとつに絞らず、良いカット割、良いアングルを思いつくままに大量に素材として作成し、そうした多種多様で大量の素材の全てを編集上で検証し、試行錯誤をしながら作ることです。[*35]

「モノ」の次元の思考を徹底するということは究極的には、脚本や設定……つまり「個人の意思」という概念やそれに基づく言葉での指示といったもの自体を否定することにつながる。『プロジェクト・シン・エヴァンゲリオン』では、約八万にもおよぶ大量のアングル素材の中から最終的にひとつに絞り込むプロセスの中で起きているのは、「決断」ではなく「中断」であると述べられている。[*36] こ

*35 株式会社カラー編『プロジェクト・シン・エヴァンゲリオン――実績・省察・評価・総括』(グラウンドワークス、2023年)、p.237
*36 同書、p.109

のことが意味するのは、やろうと思えば無限に「素材＝モノ」を生み出し続けてしまうことができる環境においては、庵野秀明という「個人の意思」ではなく「締め切り」のような外部要因こそが重要になるということだ。

ＮＨＫ「プロフェッショナル」の視聴者からは、庵野という「個人の意思」によって現場のスタッフが振り回されている、といった見方も多く寄せられたようだ。しかし、むしろそういった見方を矯正すること自体が『シン・エヴァ』の主題だったのではないか。誰もがソフトウェアを用いて世界を「素材」化できるようになった以上、庵野の「モノ」中心主義はラディカルすぎるにしても、ひとつの学ぶべき姿勢ではある。

庵野は『シン・エヴァ』劇場公開一周年を記念したオンライン同時視聴イベントで視聴者からの質問に答え、「ガンダムのように」後世に継承していきたいという旨を語っている[*37]（「ガンダム」を冠するシリーズには、原作者である富野由悠季が直接関わっていないものも多い）。庵野は自分の手を離れてさまざまな『エヴァ』が作られることを望んでいる。だからこそ、カラー社で版権を持つようになったあともさまざまな商品・商業施設とのタイアップ施策が行われ

＊37　視聴者と庵野のやり取りは以下。「Q：以前、エヴァはガンダムのように様々な形で後世に継承していきたいと仰っていましたが、その考えは今も変わっていないのでしょうか？／A：変わっていません。作品はすべからくアニメ業界のお役に立てればと考えています。」https://twitter.com/evangelion_co/status/1501170509672636416（最終閲覧：2024年3月12日）

＊38　『エヴァ』の版権は、新シリーズのスタート時に庵野の古巣であるガイナックス社からカラー社へと移され、その管理は、ガイナックス社

ているのだろうし、[*38]『シン・エヴァ』の公開直前に二次創作のガイドラインが発表されたのも、『プロジェクト・シン・エヴァンゲリオン』のような書籍を自主刊行したことも、その布石だと言えるだろう。『エヴァ』は作品の内外において、再構築《リビルド》のプロセスに身を置くことに観客を誘っているのである。

青空を前にして沈黙すること。「誰か」に見つけられるまでの時間をただ待つということ。見つけてくれた「誰か」とともに、新たな「作品＝世界」を創造するということ……その「誰か」には、人間ではない機械やソフトウェアも含まれるかもしれない。コンピュータと協働する中で、「ヒト／モノ」の境界は溶けていく。誰かのデジタル制作環境の中で、私たちの身体や視点もまた、コンピュータに取り込まれて「素材」になりうるのだ。「装置」を介して、すべてをバラバラの素材に還すこと。そこから再構築《リビルド》を始めること。『シン・エヴァ』に示されたこれらのビジョンは、私たちが今後たどるべき〈セカイ系〉についての考察の行く先も示している。

のライセンス事業元担当者が独立して立ち上げたグラウンドワークス社により行われている。なお、現在も人気を博す『エヴァ』のパチンコ機は、庵野がガイナックス社に在籍していた２００４年に、庵野自身のアイデアをきっかけに実現したものだという。以下の記事を参照。「グラウンドワークス「エヴァンゲリオンの版権ビジネスが成功し続けている理由」」THE21オンライン https://the21.php.co.jp/detail/7451（最終閲覧：２０２４年３月12日）

3章 ミュージックビデオ的想像力

Towards You,
Weaving
“The End of the World”

Chapter Three

「映画」ではなく「動画」のほうへ

『エヴァ』旧シリーズと新シリーズとを比較する中で見てきたのは、アナログからデジタルへの「再構築《リビルド》」の工程だった。しかし時系列的には1997年の『旧劇場版』公開と2007年の新シリーズ開始の間には十年の開きがあるわけで、その間に進展してきたテクノロジーとの協働の技法もあったはずである。その代表的な存在こそ新海誠であり、彼の作品は従来のテレビアニメーションとはまったく異なる出自を持っていた。

『ほしのこえ』で世に出る前の新海誠は、ゲーム会社である日本ファルコムに勤務し、ロールプレイングゲーム『イースⅡエターナル』のオープニングムービーなどを手がけていた。ゲームのオープニングムービーは、本編を通じてプレイヤーが体験する壮大な物語を、数分に圧縮して伝えるものである。あくまで断片的なイメージのパッチワークで、複雑なストーリーテリングはできない代わりに、流れる音楽が何より雄弁なそのあり方を、ミュージックビデオ的と言ってもいいだろう。

〈セカイ系〉につきものの「世界の複雑さが描かれていない」「ミクロな出来事

に終始している」といった批判は、ゲームのオープニングムービーの特性にもそのまま当てはまる。しかしゲームのオープニングムービーの場合、あくまで本編の導入という役割を忠実にこなしているだけだから、〈セカイ系〉に対する批判と同様の理由で問題になることはない。『ほしのこえ』はオープニングムービーの制作手法によって本編そのものが構成されていたからこそ、旧来の「映画」の基準から言って批判の対象になったと言える。

新海は短編アニメーションの自主制作を行うに至ったきっかけとなった作品について、以下のように語っている。

大学4年の時の『新世紀エヴァンゲリオン』(95)で、特にラスト2話ですね。まるで動かず声だけなのにものすごく緊張感があって、ショックを受けました。同時に「これなら手間的に自分も作れるんじゃないか」と(笑)。〔…〕劇場版『パトレイバー』も念頭にあって、レイアウトや風景だけで見せたり、動かさずに30秒の長台詞にするみたいな点で、「最低限の物語さえあれば、アニメっぽい映像ができるかも」と思いました。[*39]

*39 「クリエイターズ・セレクション アニメーション監督：新海誠インタビュー」バンダイチャンネル https://www.b-ch.com/contents/feat_creators_selection/backnumber/v02/(最終閲覧：２０２４年3月12日)

『エヴァ』のテレビシリーズなどを参考に、あくまで「アニメっぽいもの」として作られたのが『ほしのこえ』なのだ。アニメ・特撮研究家の氷川竜介は、そんな初期の新海の作風について次のように表現している。

ドラマの基本となる「接触」よりも、人のいない風景、あるいは登場人物が見つめる風景のカットが多用されている。セリフにしても大半が弁証法的な「ダイアローグ（二者の会話）」ではなく「モノローグ（独白）」なのです。これは「物語」として特殊なことで、「ポエム（映像詩）」に近い印象はここから来ています。[*40]

光や雲の変化に動きをつけ、淡々としたモノローグを重ね、時に言葉を途絶させる。代わりに落ち着きのある音楽がカットの断層を貫きます。この積みかさねで、大きな情動が観客側で自発的に醸成されます。美術が「作品の世界観」を主張し、目立たない領域で心理の奥底深く作用する。[*41]

風景、独白、音楽……。すべて感性主体で、そこにロジカルな関係性や因果はありません。だから「映像詩」とも呼びました。しかし新海誠監督の意識

＊40　氷川竜介『日本アニメの革新――歴史の転換点となった変化の構造分析』（角川新書、2023年）、p.232
＊41　同書、p.233

としては、それこそが「物語を語るためのツール」です。[*42]

新海の「ムービー作家」的な感性を正確に捉えた記述と言えるだろう。特に「映像詩」という表現は言い得て妙である。

新海誠のフィルモグラフィについては、主にストーリーテリングの面から『ほしのこえ』に加え『雲のむこう、約束の場所』（2004）、『秒速5センチメートル』（2007）が「初期三部作」としてまとめられることが多い。しかし実際には『雲のむこう』から、多くのスタッフの手を借りて「長編映画」にトライしている。オープニングムービーの手法によって「アニメっぽい」ものを作れることの可能性は、新海自身の「映画監督」への志向性も手伝って覆い隠されてきたところがある。

本章の目的は、失われた新海の「ムービー作家」としての可能性を解き放つことである。YouTubeやTikTokといったプラットフォームの名前を出すまでもなく、現代のメディア環境において短尺の「動画」の存在感が増していることは自明だろう。そして、そこで重要なのは言うまでもなく音楽である。2000年

＊42 同書、p. 234

代初頭を起点とし、デジタルテクノロジーの進展に伴う「作品」のありかの変遷を追う本書にとって、新海がいかにして映像と音楽のミックスを追求したのかを深掘りしていくことは、改めて重要な作業になるはずである。

「新海誠」のスタイル

『ほしのこえ』は、当時のMac一台を基本環境として個人制作された。さまざまなソフトウェアが駆使されており、キャラクターは、紙に描いた下絵をスキャナで取り込み、Adobe Photoshopを用いて彩色。空や雲など背景の描画は、タブレットインターフェースを介して同ソフトウェア上で直接作業している。ロボットや宇宙船は3DCGで描かれているが、これにはLightWaveというソフトウェアが用いられている。そのようにして作られた素材を、Adobe After Effectsで組み合わせてアニメーションにしていく。[*43] 最大の特徴であり、現在に至るまで踏襲されているのが、時間軸のある絵コンテとも言える「ビデオコンテ」を作成してすべての台詞を自ら吹き込み、その間合いを参考に声優に演技してもらうという手法だ。初期は以上の工程を経て書き出した映像に、音声編集用ソフトウェアのAdobe Auditionを用いて先に収録した音声を合成していたそうだが、近年は書き出しの工程を挟むことなく、Storyboard Proというタイム

＊43 「〝映像テレビ技術・Digital Production 2002〟が開催——話題の自主制作CGアニメ『ほしのこえ』のメイキングも」ASCII.jp https://ascii.jp/elem/000/000/331/331202/（最終閲覧：2024年3月12日）

ライン型のインターフェースを備えたソフトウェアを用いることで、ワンストップで作成している。[*44]総じてアニメーション（animation）の原義である「生命を吹き込む＝動かす」ことではなく、静止画的な断片性を台詞と音楽のタイムコントロールによってつないでいくことこそ、「新海誠」を特徴づけるスタイルである。

『ほしのこえ』の公開直後に刊行された、漫画家やアニメ監督、評論家などさまざまな立場の専門家にその衝撃について訊ねた論集『「ほしのこえ」を聴け』を紐解けば、当時はCGクリエイターよりも、旧来のアニメーション制作の関係者のほうに驚きを持って受け止められたということが伝わってくる。後に庵野秀明総監督の下『シン・エヴァ』の監督を務めることになる前田真宏は、集団制作では失われてしまう、「絵を描く」という行為に本来備わっているはずの「パーソナルである」という性質を思い出させたことが『ほしのこえ』の出現の革新的な点だったという旨のことを述べている。[*45]新海誠という作家個人に対してではなく、ソフトウェアを駆使すればひとりでもアニメーションを作れるようになってしまったという、テクノロジーそれ自体の進化に対する驚きが先にあったということだ。

＊44　「デジタル絵コンテ作成ソフト Storyboard Pro 事例 — 映画「君の名は。」」ダイキン−Tソリューション https://www.comtec.daikin.co.jp/DC/prd/toonboom/kiminonawa.html（最終閲覧：2024年3月12日）

＊45　大塚英志ほか『「ほしのこえ」を聴け』（徳間書店、2002年）、p.119

また東浩紀は「新海誠」という存在について、同論集に収録されたインタビューで以下のように述べている。

編集というのは、印象の流れをコントロールする技術、つまり時間をコントロールする技術だと思うのですが、新海さんはその点で凄く長けている。一見無意味な映像を組み合わせて、事後的に意味を発生させることがとてもうまい。[*46]

この作品は最近のオタク系文化が蓄積した「データベース」(引用者註:同インタビュー内で例として「中学生の制服だとか、夕方の教室だとか、ロボットのコクピットだとか、空が映ったらこういう感じがするだろうなあ、とか」と述べられている)に対して凄く従順な作品だと思うんです。〔…〕編集の技術や、音楽、声まで含めた映像面での完成度は凄い。『ほしのこえ』はよくできたミュージッククリップみたいなものです。[*47]

東は本人と対談した際の印象も踏まえ「メタ的に「アニメ」や「ゲーム」とい

*46 同書、p.153
*47 同書、p.153-154

うジャンルに接してきた」人物と新海を評しつつ、「日本アニメが開発してきたお約束の集積を、無自覚なまま反復するのではなく、一種の効率のよさとしてクールに利用した」のではないかと結論づける。[*48] 同インタビュー内での東の言葉を借りつつ当時の新海評を整理すれば、『ほしのこえ』はあくまで「技術を示すために作ったプレゼン映像」にすぎないために「作家」としての評価は保留せざるを得ないが、ソフトウェアをうまく使いこなすことのできる「オペレーター」としては、その実力を疑う余地はない、といったものになるだろう。

*48 同書、p.156

レイヤーの美学

東は先に引いたインタビューの中で、「作家」と呼ぶべき人間には身体の内から湧き起こってくる「訳のわからない表現への傾き」が必要であり、新海にはそれが希薄だという旨のことを述べていたのだが、しかし、上述してきたような手法的側面こそが、ある種の主題を表現するということもあるのではないか。私たちはすでに『シン・エヴァ』を通して、「庵野秀明」という個人の意図を反映したものとしてではなく、ソフトウェアや他者との協働の中で出力されたものとしての「作品」というビジョンを確認してきたはずだ。

批評家の大塚英志が『君の名は。』の公開時に寄せた「レイヤーの美学」と題された小論は、新海作品において同様の読解を行う手がかりを与えてくれる。大塚は『「ほしのこえ」を聴け』にも序文を寄せており、新海誠および『ほしのこえ』という作品の持つポテンシャルを最も早く評価していたひとりだ。

大塚曰く、『ほしのこえ』にあった（そして、その後の新海の歩みにおいては目減りしてしまった）途方もない可能性とは、Adobe 製品をはじめとして多くの映像／画像編集ソフトウェアに名前の通りの機能が実装された「レイヤー」という概念の、単なる技術論の範疇には収まらないさまざまなレベルでの運用だった。

カットの中で風景がレイヤーの重なりとしてあり（つまり、空間内のレイヤー化）、そしてそのむしろ静止的であることが重要なカットごとの醸し出すイメージを私たちはレイヤーが次々と重なるように示され（時間軸上のレイヤー化）、そして、その映像の流れの上に少年のモノローグ、少女のモノローグ、そしてメロディーが重なる（意識、あるいは「声」のレイヤー化）のだ。そういう多元的なレイヤー技術によって新海のアニメーションが作られていた。[*49]

*49　大塚英志「レイヤーの美学」、『新海誠、その作品と人　EYESCREAM　2016年10月号増刊』（スペースシャワーネットワーク、2016年）所収

このような「レイヤーの美学」は、漫画雑誌の編集者、その後に漫画原作者というキャリアを歩んできた大塚にとってはなじみ深いものであった。たとえば人物とフキダシは同じコマの中に描かれているが、実際にフキダシは人物の横に浮いているわけではない。この状態を「人物とフキダシは別のレイヤーに存在している」と言うことができる、といった具合である。

そんな大塚が『ほしのこえ』に見出した新しさが、モノローグ表現に顕著な「声」のレイヤーの扱い方である。当然ながら、漫画というメディアには音声がない。そして音声と映像をひとつのテーブルの上で合成できるというのは、オーディオとビジュアルをそれぞれ等価な「情報」として処理できる、デジタル制作環境ならではのことだったのである。

さらに大塚の文章から引用しよう。

新海は彼自身、キャラクター、感覚の意識をレイヤー化して行くのだ。主人公、あるいは観客の主観が捉える空間をまずレイヤーとして構成する。風景はただの背景ではなく、内面の投影であり、意識の外化の手法である。主人公がどこにいるのかを説明するための背景画ではない。だから人物は最小限で構わない。そして風景を意識の流れとしてモンタージュしていく。つまり、繋いで行く。そこに、少年と少女の言葉や音がレイヤーとしてモンタージュされていく。彼は作中人物の、そしてそれを受けとめる主観や意識をレイヤー化し、モンタージュしていったのである。[*50]

大塚は、「物語が進行して行けばいくほど、二人のそれぞれのことばは互いに届かず、ただ、レイヤーとして、重なるだけだ」とし、これを『ほしのこえ』の主題として抽出する。クライマックスにおいて、実際に言葉はお互いのもとに届いたわけではないが、編集上の錯覚としてそう感じられる。さらに加えて、作品の制作者である新海誠の主観と、鑑賞者である我々の主観の交わらなさも作品の中に重ね合わされているというのが、大塚の分析の要点である。

デジタル制作環境においては、たとえば電子メールの作成と、映像作品の制作との間に共通のオペレーション（「カット&ペースト」や「元に戻す」など）が見て取れることは前章で指摘した通りだ。少女・ミカコと少年・ノボルが互いに

＊50　同論考

向けてメールの文面を作成したことと、新海がまだ見ぬ受け手に向けて『ほしのこえ』という作品を作ったことはパラレルなのである。

「誰のもとにも届かないかもしれない」という不安に苛まれながら、しかし「誰かに届くかもしれない」という希望を携えて手を動かすこと。デジタル時代の「作り、届ける」行為に広く共通する「切なさ」を三十分弱の映像に定着させたということが、『ほしのこえ』が単に「国民的アニメ監督・新海誠のオリジンである」ことを超えた普遍的価値を持った作品たる理由である。

『ほしのこえ』において、携帯メールを用いた地球と遠宇宙の間のコミュニケーションは挫折を余儀なくされる。お互いのメールが届くまでに数年の時間を要するようになり、文面にもノイズが交じるようになると、地上に残されたノボルは「心を堅く、冷たく、強くする」ことを自らに課すようになる。その先のコミュニケーションは、大塚も分析したように、あくまでレイヤーの操作による錯覚としてしか成功しない。それは作中の現実では起きていない奇跡なのだが、希望を捨てずに沈黙を耐え続けた二人に、いつか与えられる報酬の先触れなのかもしれない。

グローバルとローカルのねじれた接続

新海がソフトウェア上で行うレイヤーの操作は、リニアな時空間を切断し、そこに音声という軸を通すことで、ねじれた形で本来つながらなかったはずのものをつないでしまう。これを「AMV（Anime Music Video）」的ということもできる。AMVとは、既存のアニメ映像から印象的なシーンを抜き出してきて切り貼りし、無関係なポップミュージックを当てたりして別の文脈を発生させるような映像作品だ。今や一般名詞となった「Anime」を冠していることからもわかる通り、海外で日本アニメの人気が高まる中で生まれた文化である。試しにYouTubeで「AMV」と検索してみれば、無数の動画がヒットするはずだ。

新海作品における「AMVの美学」の最たる例は、『秒速5センチメートル』での、山崎まさよし「One more time, One more chance」をBGMに主人公とヒロインの人生の断片を映し出していくラストシーンだろう。1997年リリースのこの楽曲は、当然2007年公開の同作品のために書き下ろされたものではない。しかしソフトウェア上の編集によって、画面の中で両者が持つテーマ性は無理やりつなぎ合わされてしまう。弛緩と緊張を繰り返す旋律に合わせて、視覚的な情報が結合したり離れたりを繰り返すことで、観客の中に非言語的な文脈が積み重なっていく。通常の過去があって、現在があって、未来に至るという、線的な時間感覚がそこでは崩壊する。近作ではロックバンド・RADWIMPSとの協働によって書き下ろしの楽曲が使われるようになっているが、視聴覚的な効果としては同じことだ。

こうした「AMVの美学」は、当の新海作品の中だけでなく、一見まったく関係のないところにも受け継がれている。2023年の年始にYouTube公開された、スマートフォンゲーム『ブルーアーカイブ』(2021年サービス開始、以下『ブルアカ』)のプロモーション映像「4th PV」[*51]は、そのことを示す格好の事例である。

具体的な映像の分析に移る前に、共有しておくべき前提がある。『ブルアカ』は開発を韓国企業のNEXON Gamesが、運営を中国企業のYostarが手がける……つまり海外のスタッフによって生み出されたタイトルなのだ。しかし、シナリオ担当者へのインタビューにはリスペクトしている作家として、庵野秀明、奈須きのこ、西尾維新、舞城王太郎といった『セカイ系とは何か』の中でも〈セカ

＊51 「【ブルアカ】4th PV」ブルーアーカイブ -Blue Archive- https://www.youtube.com/watch?v=4rDOsvzTicY(最終閲覧:2024年3月12日)

イ系〉あるいはそれに隣接した作風を確立した人物として挙げられた固有名詞が並ぶ。[*52] ２０００年代に日本で盛り上がりを見せた、アニメ・ゲーム・文学が独特の共振を見せたムーブメント[*53]からの影響が、このゲームには確かに流れ込んでいるのだ。

４th ＰＶは、ゲームのリリースから二周年を迎え配信されたメインストーリー「最終編」を盛り上げるためのものになっている。いわゆる「ガチャ」によってプレイヤーのもとにやってくる数多くのキャラクターたちは、通常の人間とは異なる身体的特徴――動物の耳や背中から生えた羽根、作中で「ヘイロー」と呼ばれる、頭上に浮いた天使の輪のようなオブジェクトなど――を持ち、重火器を手にして日々戦闘を行っている。本作の世界にはいくつかの「学園」があり、各々が現実でいう国家に相当する自治権を持っているのだが（プレイヤーである「先生」は国連に相当する機関から派遣されてきた、という立ち位置である）、「最終編」に至るまでの「Vol.1」から「Vol.4」までは、それぞれの「学園」を舞台にしたストーリーがオムニバス的に展開される。ときには政治的に対立する「学園」の生徒たちが、共通の巨大な危機に対して一時団結し立ち向かうというのが「最終編」の大まかな内容である。

＊52　以下の文献に収録のスタッフインタビューより、シナリオディレクター・isakusan の発言を参照。『ブルーアーカイブ オフィシャルアートワークス』（一迅社、２０２２年）

＊53　あくまでネットユーザー発信のバズワードであった〈セカイ系〉とは異なり、このムーブメントを狙って仕掛けたのが２００３年より講談社から刊行された文芸雑誌『ファウスト』である。「闘うイラストーリー・ノベルスマガジン」をキャッチコピーに掲げ、ジャンルとしてはミステリ・伝奇を中心に、小説だけでなくイラスト・漫画・批評を織り

ムービーの前半部では、そんな「決戦前夜」の雰囲気が断片的に提示される。印象的な静止画が高速で切り替わっていくのだが、指令室の電子モニタ、ブリーフィングの様子など、新劇場版『序』でリファインされた『エヴァ』の「ヤシマ作戦」を彷彿とさせるものである。また敵は小柄な女学生たちに対して巨大でさまざまな姿形を持っており、その得体の知れなさもやはり「使徒」を彷彿とさせる。

前半部と後半部のつなぎ目では、エモーショナルなピアノのフレーズと硬質なビートに支えられたインスト楽曲に乗せて、高速で切り替わっていた静止画が一時停止し、上方向へとカメラアイが移動しつつ、夕焼け空に青い弧を描く彗星、そして宇宙空間のイメージが挿入される。ウユニ塩湖のような、水平線だけが広がる空間とそこに佇む人物のシルエットが表示され、誰のものかもわからない、断続的で思弁的なモノローグが覆い被さる。この足場を欠いた感覚、心象風景と遠い宇宙がモノローグによって無理やり接合されてしまうような感覚というのは、画面全体に満ちた淡い色彩やライティングのトーンも相まって、どこか新海誠作品的な抒情性を感じさせるものだ。

交ぜた誌面を展開していた。なお、東浩紀『ゲーム的リアリズムの誕生』の元になった連載「メタリアル・フィクションの誕生」が掲載されていたのも同誌である。

『ブルーアーカイブ』4th PV より

そして再び加速するBGM。「Vol.1」から「Vol.4」までの、あるいはパラレルワールドで起きた出来事を描いたと思しきカットが断続的に映し出されつつ、黒地に白い明朝体で書かれた何者かの台詞が矢継ぎ早に挿し込まれていく。そうした走馬灯的なフラッシュバックを経て、前半部の時間軸に再び接合される。敵との戦闘はどうやらクライマックスを迎え（女性司令官の号令で戦艦が黒い球体を目がけて特攻していく様は、『シン・エヴァ』終盤における「ヴンダー」の特攻のようだ）、明らかに重要人物でありそうな、黒いドレスを纏った女性が焦点の定まらない瞳で星空を眺めるカットを映して、静かに動画は終わっていく。

次々に切り替わる静止画の中で、キャラクターたちは海を見つめている。空を見つめている。遠くにそびえる塔を見つめている。一枚一枚の静止画もまた、ソフトウェアのレイヤー機能を用いて奥行きが表現されている。巨大な敵や、象徴的な星空や海の表象を見やりながら、こちらに背を向けて立つ人物の構図は、総じてきわめてロマン主義的なものだ。個々のイメージにどのような意味があるのか、物語らしきものは始まる手前で断ち切られ、無関係な時空間同士が、音楽に乗せて無理やり接合されていく。彼女たちは戦いの日々に生きながらも、同時に学生であり、当然平和な日常を取り戻すことを祈っているはずだ。その切ない心情の集積が、匿名的な人物のモノローグを介して鑑賞者のもとに届くのである。映像の最後に表示される「最終編」のサブタイトルは、「あまねく奇跡の始発点」だった。

『ブルーアーカイブ』4th PV より

こうした映像が、かならずしも言語的なコンテキストを共有しない海外のスタッフから生み出されたという事実はきわめて重要である。東浩紀は『ほしのこえ』について、それ自体は「お約束」の組み合わせであり、鑑賞者によって「主題らしきもの」が読み取れるに過ぎないと言った。しかし逆に言えば、言葉に拠らない「お約束」的なイメージの組み合わせであることは、だからこそ異なる言語 - 歴史 - 物語に基づく国民（nation）意識を超えた、「デジタル時代の同時代人」に普遍的な感情を誘発する可能性があるのだ。

セカイとセカイをつなぐ扉

新海は東宝の配給で大規模公開された『君の名は。』、『天気の子』、そして『すずめの戸締まり』（２０２２）の三作品に関して、東日本大震災に対する応答としての「災害三部作」である旨をたびたび語っている。しかし『天気の子』と『すずめの戸締まり』の間には切断線を引くべきだと筆者は思う。物語の途中で突然RADWIMPSのボーカル曲が流れ出し、日常の断片が走馬灯のように早回しで再生される「ＡＭＶの美学」が、『すずめの戸締まり』では消えてしまっているからだ。新海が込めたテーマはどうあれ、ティーンエイジャーの焦燥感を否応なしに掻き立てるカタルシスが『君の名は。』と『天気の子』にはあったのだが、この差異により『すずめの戸締まり』は相対的に落ち着いた印象を与える映画になっている。

そう、「映画」である。実際、本作の音楽担当にはRADWIMPSとともに、ハリウッドでも活躍する劇伴音楽の専門家・陣内一真がクレジットされている。ストーリーラインとしても、九州から東北へ北上していくロードムービーという、映画の直線的なメディア特性に重なる構図を描いており、二つの時間軸を行き来する『君の名は。』や、天上の空間が描かれる『天気の子』とは対照的だ。東宝が本作を新海誠の「最高傑作」として宣伝するのは納得である。それは震災というシリアスな主題に応答し切ったというより、「映画監督・新海誠」がついに完成したということを意味しているように思える。

しかし、実はそんな『すずめの戸締まり』においても新海の「ムービー作家」としての出自を示す、断片性のモチーフは健在なのである。それは主人公・鈴芽の旅の途中にたびたび出現する「後ろ戸」と、その向こうに広がる「常世」である。「後ろ戸」は打ち捨てられた廃墟のような「人の心が消えた寂しい場所」に開くといい、列島中に点在している。扉を開いた向こうにある「常世」は「ぜんぶの時間が溶け合ったような空」がある場所だと予告編で形容されていて、過去の新海作品における「切なさ」「寂しさ」ともつながっているようだ（実際、『秒速5センチメートル』第二話「コスモナウト」にてヒロイン・明里のことが忘れられない主人公・貴樹が何度も夢に見る場所は、この「常世」に酷似している)。

『すずめの戸締まり』の巧みな点は、従来の時空間概念を解体するものであるはずの「常世」への入口である「後ろ戸」に、「寂しい場所」であればどこにでも開くという性質に加え、「人には人生にひとつだけ、任意に出入りすることのできる扉がある」という性質を与えることで、被災地域である主人公の故郷に赴くという行動の根拠とし、ロードムービーの直線的な構造と両立させることを可能にしている点である。

私たちにとって重要なのは、新海が「常世」のようなモチーフを「描かざるを得ない」のではないか、ということである。ソフトウェアを駆使した制作工程において向き合わざるを得ない、素材の断片性を画面に定着させているように思えるのだ。素材は孤独な「モノ」として、あらゆる時間軸から切断されているからこそ、その切断面を介してあらゆる時間軸と接合することができる。そのことが、新海誠という稀代の「ムービー作家」の魂には、今なお刻みついているのだ。

世界に切断線を「引かざるを得ない」という新海の作風は、2018年から2019年にかけて全国の美術館を巡回した「新海誠展」の「オープニング・クロージングムービー」によく表れている。「世界」という言葉や、対になる男女がお互いの名前を呼び合うシーンが、『君の名は。』のクライマックスで流れるRADWIMPSの「スパークル」のインストバージョンに乗せて、作品を超えてつなぎ合わされていく。編集の巧みさもさることながら、そうした共通のモチーフが各作品にもともと点在していた、ということが暴かれていくプロセスが圧巻だ。映像を手がけたのは、新海作品をはじめ数々の映画の予告編やアニメのオープニング／エンディング映像を手がける映像ディレクターの依田伸隆(10GAUGE)で、現在はYouTubeの「東宝MOVIEチャンネル」にアップされた「映画『天気の子』スペシャル予報」というタイトルの動画の冒頭部分として観ることができる。*54

作品の中に文脈を欠いて現れるモチーフに目を向け、同じようなモチーフを持つ、まったく関わりのない作品とつなぎ合わせること。それにより新たな体系を生み出すこと。それは従来の基準において「破綻」や「矛盾」として見なされてきた要素を再評価することにもつながるし、そもそも「作品」として評価される

*54 「映画『天気の子』スペシャル予報」東宝MOVIEチャンネル https://www.youtube.com/watch?v=DdJXOvtNsCY（最終閲覧：2024年3月12日）

ことが少なかったフォーマットを積極的に「作品」として評価することにもつながっていく。たとえば、プロモーション映像、予告編、(東がかつて『ほしのこえ』に対するネガティブな形容として用いた)ミュージックビデオなどがそうだ。

そもそも〈セカイ系〉という言葉が作家個人の態度を批判する意味合いで使われてしまうのも、映画や小説といった、作品とはすべからく「作家の意図」を反映するものとされていた時代以来の表現をベースとした評価基準が未だに支配的で、デジタルテクノロジーによってもたらされた、それ以前とは根本的に異なる「作品」や「作家」のあり方への理解が進んでいないからであるように思える。主人公の観念的なモノローグが「世界」という大文字の対象に直結する作風を揶揄する言葉として生まれた〈セカイ系〉に、「作家の意図」という概念を排して向き合うことは、「作品未満」とされてきたものに目を向けることで、現代における「作家」や「作品」の位置を根本的に見直すことにも通じているのである。

4章

タッチパネル上で生まれる「切なさ」

Towards You,
Weaving
“The End of the World”

Chapter Four

音楽家＝シナリオライター

ここまで、アニメーション作家およびその作品を中心に分析を行ってきた。画面内の情報や作家自身の発言からソフトウェアを介した制作の痕跡を読み解き、その上で自らの手元にあるソフトウェアで作品を解体し、再構築《リビルド》するような鑑賞の可能性も示してきた。

しかし、そもそもアニメというメディアが「観る」という、近代的な主観‐客観図式の中に収まる形式であることは動かしがたい。そこで本章では、デジタルならではの性質として強調されがちなインタラクティブ（双方向）性を備えた代表的な形式である、ゲーム領域を中心に活躍する作家にフォーカスする。

麻枝准はビジュアルアーツ社[*55]傘下のゲームブランド・Keyに所属するシナリオライターで、1973年生まれの新海とは同世代の1975年生まれである。ネクストン社のブランド・Tacticsで『MOON.』（1997）、『ONE～輝く季節へ～』（1998）[*56]といったノベルゲーム作品を手がけた後にビジュアルアーツ社に移籍、Keyを発足し、『AIR』（2000）、『CLANNAD』（2004）、『リトルバスターズ！』（2007）といったアニメ化もされた人気ノベルゲー

＊55　2023年7月、ビジュアルアーツ社は中国・テンセント社への株式譲渡を行い、同社の100％出資子会社となることを発表した。背景にはアニメ化された作品を中心にKeyブランドがグローバルな人気を博しているという事実がある。原作のノベルゲームに関しても、ゲーム配信プラットフォーム・Steamで翻訳版が配信されている他、最新作『ヘブンバーンズレッド』も五つの国・地域（2024年2月現在）で展開され人気を博している。

＊56　2023年に発売25周年を記念したリメイク版が、ネクストン社内の新ブランド・novamic

ム作品を世に送り出した。２０１０年代以降は『Angel Beats!』（２０１０）、『Charlotte』（２０１５）、『神様になった日』（２０２０）といったオリジナルアニメのシナリオを手がけ、現在はスマートフォンゲーム『ヘブンバーンズレッド』（２０２２年サービス開始）の開発に注力している。[*57]

このようにデビュー以来、２０００年代／２０１０年代／２０２０年代とちょうどディケイドごとにノベルゲーム／アニメ／スマートフォンゲームとメディアを横断する形で作品を発表していることが、デジタルテクノロジーと物語内容の連動に注目する本書の方針に照らして、麻枝という作家が魅力的な理由である。しかも、その物語には一貫したモチーフ——前島賢の言葉を借りれば、「日常的世界と幻想的世界が対比され、なんらかのきっかけにふたつの世界が直結するという構造」——を見出すことができるため、そこに注目することで、「ゲームならでは」「アニメならでは」といった、各メディアに固有の体験を浮かび上がらせることもできるのである。

１章で触れた通りノベルゲームは、テキストボックス・立ち絵と呼ばれるキャラクターの画像・背景画像を重ねたシンプルな画面構成からなるメディアである。

usから『ONE.』というタイトルで発売された。シナリオの名義は「Tactics」となっており、筆者がプレイした限り基本的にオリジナルのテキストに手を加えてはいないようだ（一方でグラフィックと演出は大幅にリファインされている）。

＊57　複数のヒロインのシナリオからなる恋愛アドベンチャーにはありがちなことだが、ヒロインやパートごとに別々のライターが執筆するという方式がここに挙げたほとんどの作品でもとられている。本稿では麻枝が企画を立案し、その中心となるシナリオを自ら執筆したものを便宜的に「麻枝作品」として扱う。

東浩紀は『動物化するポストモダン』で、そのように簡単にデータに還元できてしまう対象にもかかわらず、ユーザーがキャラクターに感情移入できてしまうのは、キャラクターを構成する無数の「萌え要素」と、その背後にある「データベース」を無意識に参照しているからだと述べていた。東はこれと同じ理屈で麻枝作品の内容についても、「設定」の「組み合わせの妙」により、効率よく「泣ける」装置を実現しているにすぎないという。

一〇時間以上にも及ぶプレイ時間の後半は、実質的な選択肢もなく、ヒロインのメロドラマが語られていくのを淡々と読むだけだ。そしてそのメロドラマも、「不治の病」「前世からの宿命」「友だちの作れない孤独な女の子」といった萌え要素が組み合わされて作られた、きわめて類型的で抽象的な物語である。物語の舞台がどこなのか、ヒロインの病とはいかなる病なのか、前世とはどんな時代なのか、そのような重要な箇所がすべて曖昧なまま、『Ａｉｒ』（原文ママ）の物語はただ設定だけを組み合わせた骨組みとして進んでいく。[*58]

東はこのようなことを述べた上で、だからこそ（時代性を反映していて）すご

*58 『動物化するポストモダン』、p.114

いのだ、と議論を転回させていくのだが、いずれにしても大事な観点が抜け落ちている。音楽の要素だ。麻枝は学生時代からコンピュータを用いた作曲[*59]を行っており、大学卒業後は作曲家を志してゲーム会社の門を叩いたが叶わず、シナリオライターに転向したという経歴を持つ。[*60]以降はときに自ら執筆したシナリオの内容に沿った楽曲を自前で用意し、その流れ出すタイミングも自らスクリプト（簡単なプログラム）を組むことによってコントロールするという、デジタル時代の「総合演出家」として唯一無二の存在感を発揮してきた。

麻枝のシナリオはたとえば以下のような、小説というよりは詩に近い断片性を持った言葉で紡がれる。

どこまでもつづく海を見たことがある。
どうしてあれは、あんなにも心に触れてくるのだろう。
そのまったただ中に放り出された自分を想像してみる。
手をのばそうとも掴めるものはない。
あがこうとも、触れるものもない。
四肢をのばしても、何にも届かない。

＊59　麻枝が現在でも作曲に使っているのは「レコンポーザ」という1980年代から存在する旧式のソフトウェアで、MIDIデータ（音の高さや長さなどの情報が記録されている、音楽制作ソフトウェア間で共通のデータ規格）を数値入力によって打ち込んでいく。昨今の音楽制作環境はDAW（本書6章で詳述）という、視覚的に音の編集ができるタイムライン型のインターフェースを備えたものが主流だが、麻枝の場合はいったんレコンポーザで作ったものをデモとして、アレンジャーがDAW環境で整えていくという工程を踏んでいる。以下の動画

水平線しかない、世界。
そう、そこは確かにもうひとつの世界だった。

以上は『ONE～輝く季節へ～』からの引用で、広がる雲海や夕陽の沈む海の写真を加工した抽象的な画像とともに、クリックに合わせて一行ずつ表示される。その空間は「永遠の世界」と呼ばれ、音楽プロデューサー・BTのインスト楽曲「Flaming June」からインスピレーションを受けて生まれたという。*61 BTの音楽が分類されるトランスというジャンルは、「〝4-on-the-floor（日本では4つ打ちとも言われる）〟と呼ばれるキック、非常に長いビルドアップ、アンビエンス、音の質感やシンセ、ＢＰＭ125～150程度のテンポなど、反復的でメロディアスな構造」*62といった特徴を持つ。これは恋愛アドベンチャーの常套パターンとも言える、単調な学校生活を反復する日常パートと、クライマックスの劇的な展開との落差によってプレイヤーの心を揺り動かす技法とも重なるものだ。

麻枝が他に「Flaming June」からインスピレーションを受けたとしているものとしては、『AIR』における「大気の中で待つ少女」というイメージ、『CLANNAD』に登場する「幻想世界」などがあり、２０１２年には同名の

も参照のこと。『『ヘブンバーンズレッド』公式生放送 ヘブバン情報局Vol.45』ヘブンバーンズレッド【公式】https://youtu.be/4VJrfWQVCME?t=2789（該当箇所頭出し済、最終閲覧：２０２４年3月12日）

＊60 坂上秋成著、Key監修『Keyの軌跡』（星海社新書、２０１９年）

＊61 BTのアルバム『These Hopeful Machines』（２０１０）の日本盤CD付属のライナーノーツに、麻枝は以下のコメントを寄せている。「１９９７年発表「ESCM」が自分の創作人生に与えた影響は多大なものだった。そこから「永遠の世界

レーベルを立ち上げ、ボーカルアルバム『終わりの惑星《ほし》のLove Song』をリリースするなど、その作家としての歩みを貫いている。麻枝作品とはまず、こうした非言語的・音楽的なイメージによって全体が満たされているということから議論を始めたい。

「否定神学」を肯定する

『ONE～輝く季節へ～』より、「永遠の世界」の描写の例

「永遠の世界」は、両親の愛に恵まれず、最愛の妹まで失った幼少期の主人公が現実から逃避するため、「生きていてもつらいことばかりなのだから、永遠に時の止まった世界にいたい」と願ったことで生まれたと設定されている。それは形を伴ったトラウマとして主人公に近づいていき、最終的には彼を現世から連れ去ってしまう。それまでのゲームプレイで十分にヒロインとの親密度を上げることができていれば、過去に願った「永遠」よりもヒロインとともにいる現在を尊いと思えるようになったということで、元の世界に帰還することがで

（ONE）」「大気の中で待つ少女（AIR）」「幻想世界（CLANNAD）」は生まれた。今作ではその回帰が、ヴォーカル・アルバムとして果たされている。」

＊62 「Tranceミュージックとは?-高揚感にあふれたUplifting Tranceの作り方」Native Instruments Blog https://blog.native-instruments.com/jp/trance-music/（最終閲覧：2024年3月12日）

きる。

この「子供の世界」が「大人の世界」に圧倒的な「力」として侵入してくるという構図は、精神分析家、ジャック・ラカンの理論に対応するものだ。[*63]

ラカンは幼児の精神的な発達を説明するための理論として、「鏡像段階」というものを唱えた。幼児の自我は、家の中の鏡に映った自分を「これは自分だ」と認める過程で発達する。しかし家の外に出ると、鏡の中の自分とは違う姿をした人間と出会うことになり、その中で「他者」という概念が育っていく。ただしこまではあくまで概念＝イメージ上の他者（小文字の他者）で、現実の生活をともにする他者（大文字の他者）とは、言語＝シンボルによる世界の分節ができるようになって初めて出会うことができる。

ラカンの理論においては、イメージ（見えるもの）の世界が「想像界」、シンボル（見えないもの）の世界が「象徴界」と名づけられる。そして、ラカンはもうひとつ「現実界」というものを定義している。これは幼児がイメージやシンボルを獲得する前に直面している混沌状態に対応し、人間の精神の成長過程とは無

＊63　ラカンの理論に関しては主に以下の文献を参照した。斎藤環『生き延びるためのラカン』（ちくま文庫、2012年）、宇波彰『ラカン的思考』（作品社、2017年）

関係に存在する「モノ」や、自然災害がもたらす圧倒的な「力」そのものが属する、「イメージにもシンボルにも還元できない」世界である。

興味深いのは、東浩紀がこのラカンの理論を用いて、コンピュータに触れる体験と〈セカイ系〉を並行的に論じていたことだ。

GUIの登場とともに、人類は新しい空間の概念を獲得した。デスクトップ画面上の「ごみ箱」に不要になったファイルを入れることはコンピュータに下す「削除」というコマンドを二次元的な記号の操作に置き換えたものにすぎないが、三次元空間において紙屑をごみ箱に入れる動作を同時にイメージしているといった具合にである。

東はNTT出版が刊行していた雑誌『InterCommunication』の連載をまとめた『サイバースペースはなぜそう呼ばれるか』の中で、近代の後に来る時代、いわゆるポストモダンにおける新しい主体を、こうしたGUIを難なく扱うことのできる主体として定義している。近代、つまり絵画や映画が主要な視覚メディアだった時代は、キャンバスなりスクリーンなりの上に「見えるもの」（日常のもろもろ）と、その背後にある「見えないもの」（「神」や「真理」）の関係で世界を理解していた。一方ポストモダンの新しい主体は、「見えるもの」と「見えないもの」を二重に処理する。ＧＵＩはコンピュータが行う「見えない」情報処理を「見える」形で行えるようにするものであり、それを難なく扱える主体は「見える／見えない」の二分法で特徴づけられていた近代を超えるのだと。それを東はひと言で「コンピュータデスクトップ画面の平面性は象徴界と想像界の境界を抹消する」[*64]と表現したのだった。

また、東は〈セカイ系〉については「想像界と現実界が短絡し、象徴界の描写を欠く」と表現している。ここでの象徴界は「社会の公共的な約束事や常識」を、想像界は「恋人や家族など親密圏内部での幻想の世界」を、現実界は「常識も夢もともに壊すリアルなもの」にそれぞれ対応するとされている。[*65]

以上をまとめると次のようなテーゼを導き出せる。象徴界と想像界の区別からなる「大人の世界」のシステムを、「子供の世界」である現実界は壊してしまう。コンピュータを難なく扱えるポストモダンの主体とは、近代人から見てそんな「力」をふるう「おそるべき子供たち」なのだ。

＊64　東浩紀『サイバースペースはなぜそう呼ばれるか＋』（河出文庫、２０１１年）、ｐ．７
＊65　『セカイからもっと近くに』、ｐ．19

こう考えると、東が麻枝作品の音楽的側面については言及できなかったのも、無理からぬ話である。リズムやメロディといった音楽の要素は、イメージ（概念）やシンボル（言語）の発達していない子供にも訴えかけるものである。そして麻枝作品においてイメージの要素（グラフィック）やシンボルの要素（テキスト）は、音楽と一体化した経験として受け取られるようにプログラムで制御される。振り返ってみれば、東は1998年のデビュー作『存在論的、郵便的――ジャック・デリダについて』から一貫して、「〇〇ではない」という形で特定の対象について語る論法である「否定神学」を批判していたのだった。現実界とは「イメージにもシンボルにも還元できない」……つまり、想像界にも象徴界にも位置づけられないと定義されるものであり、「否定神学」の対象そのものだ。だからこそ音楽については分離しなければ、自身の理論の中に麻枝作品を位置づけることができなかったのだろう。

「似たもの同士」の共同体

麻枝作品は「子供の世界」を肯定する。その上で重要なのは、同じ場所で停滞し続けていいのだという後ろ向きな発想を語るのではなく、しかし「子供」が社会に認められて「大人」になるというモデルともまた違った形で「成長」を描いているという点である。

その代表例として『リトルバスターズ!』を取り上げたい。2007年に発売された本作は、麻枝准が企画・執筆を手がけたオリジナルのノベルゲーム作品としては現状最後のものだ。2010年代に入って麻枝はアニメのシナリオを軸に活動していくことになるが、本作は開発当初からいつ麻枝がゲームのシナリオライターとして一線を退いてもいいように、後進の育成も兼ねたプロジェクトであったことが明かされている。*66

本作の主要キャラクター十人は野球チーム「リトルバスターズ」を結成しており、主人公の少年を含めた幼馴染五人組（男性四人・女性一人）と、通常の恋愛アドベンチャーであればヒロインに相当する女性キャラクター五人からなる。主人公は両親を事故で失い、幼馴染たちに孤独を救われた過去がある。ただし当時のトラウマから、精神的苦境に陥ると急速に眠りに陥ってしまうナルコレプシー（眠り病）を今なお患っている。後者の女性キャラクター五人は最近出会ったばかりであり、当然そんな主人公の幼少期の経験を共有してはいない。

＊66 「麻枝（…）自分がシナリオライターという役から降りてもいいように、次の世代のライターを育てなければならないと思っていました。（…）Key作品としてのクオリティは自分が担保して、あとは誰かが今後のKeyを背負えるようなライターになってくれればいいなという気持ちでいました」、「麻枝准研究所」に掲載の記事（『リトルバスターズ!』に出演した声優・民安ともえとの対談インタビュー）を参照。

十人の乗り合わせたバスが事故に遭ってしまい、主人公と自身の妹しか助からないと悟ったリーダー格の少年が二人に精神的成長を促すために、生死の境で「永遠の世界」的な空間を作り出した、というのがゲームの本編だ（つまり本編で描かれるにぎやかな学校生活はすべて虚構の出来事である）。後期メンバーは幼少期にそれぞれの事情で孤独感を抱えていたという点が主人公と共通していて、現実には野球チームなど組んでいなかったのだが、リーダーの目的と無意識下で波長が合ったので「世界」の創造に巻き込まれたという形である。プレイヤー目線で言えば、各女性キャラクターのシナリオを読み終えるたびに世界はループし、主人公が彼女たちの抱える未練を昇華する手伝いをすることが精神的成長につながるという仕掛けになっている。最終的に成長を果たし、ナルコレプシーも克服した主人公とリーダー格の妹は協力して全員を死の淵から救い出し、後日メンバー全員で海を見に行って物語は終わる（と同時に、クリア後のタイトル画面が青い海へと変化し、彼ら／彼女らと同じ景色をプレイヤーは見ることになる）。

〈セカイ系〉に対する批判において、社会を描かずに抽象的なものにいきなりつなげるという構図の存在が指摘されるわけだが、本作の主要キャラクターたちはあくまで幼少期の孤独感という抽象的なものを共有していたからこそ、それまで具体的な関わりがなくても連帯することができた。そうして生み出された虚構の世界がある種のアジール（聖域・避難所）となって、弱さを抱えた主人公の成長を促したのである。

「同じ」ではなく「似たような」傷を抱えた者たちの共同体。文字にして列挙できる属性を軸にしてつながる、ソーシャル・ネットワーク的な連帯に対するオルタナティブを示しているのが『リトルバスターズ！』という作品である。

「見えないもの」のありか

もうひとつ、メディアによるストーリーテリングの違いという観点で見ておきたいのが２０１５年放送のアニメ『Charlotte』だ。語り部となる主人公は存在するが、当然のようにノベルゲームと違い一人称視点で描かれることはなく、画面の中に普通に身体をもって存在する。作品の核となる設定は「思春期の少年少女にのみ発現する超能力」というものだ。数十年に一度地球に近づく彗星に含まれる粒子が、脳に作用することでその事象が起きると作中では説明される。翌年に劇場公開された新海誠の『君の名は。』と異なり、彗星は本編の中を一度も横切らない。本作において、「永遠の世界」に相当する「見えないもの」は彗星＝超能力のことなのだ。

終盤ではノベルゲーム出身のシナリオライターらしく「ループもの」のモチーフが出てくる。実は本編の始まる前に、主人公の兄が自身のタイムリープ能力で時空移動を繰り返して、科学者による「能力者狩り」が横行する最悪の事態を回避していたという事実が明かされるのだ。主人公はそのことを、あるバンドの演奏を聴いて「思い出す」のだが、ループを経験しているのは兄なわけだから、主人公の脳にその記憶が刻まれているはずがない。

ではなぜ「思い出す」のかといったら、（作中では明言されていないのであくまで仮説だが）その事実が主人公の脳からではなく、彗星という集合的記憶から引き出されたからだと考えられる。主人公が「思い出す」トリガーとなった歌を歌ったバンドのボーカルも、かつてタイムリープ能力者だったことが示唆されている——主人公の兄のタイムリープ能力は使うたびに視力を失っていくというものだが、バンドのボーカルも盲目である——ことも、この仮説を補強する。

主人公は第一話の冒頭でデカルトの引用をする。「我思う、ゆえに我あり、とは昔の哲学者の言葉だそうだが、僕は我ではなく、他人を思ってみた」。しかし原典の「我思う、ゆえに我あり」とは、「我が思うという行為をできている、それ自体で我の根拠たりうる」という意味であり、「我（という対象）を思うことができる、それが我の根拠である」という意味ではない。「主体が対象を認識する」という図式が発生する条件自体を指しているのであって、主人公の引用の仕方は明確に誤りなのだ。

これはおそらく麻枝が素で間違えているのだと思われるが、「我が」が「我を」にすり替わっているということは、主観が対象を認識するという図式が一度解体されて、対象の側、つまり他人に世界を理解するための主導権が譲られているということを図らずも意味している。モノローグはこう続く。「他人を思う。そうしたら僕は他人になっていた」。主人公に発現した能力は、他人の身体を五秒間乗っ取り、相手が能力者であればその能力を奪い取ることができるというものだった。

本作はエゴイスティックな性格の主人公がさまざまな経験を経て、「我」は他人の視線によって形作られるという命題に行き着く物語となっている。最終的には世界中の能力を奪い去る旅の果てに、脳を酷使しすぎた主人公はすべての記憶をなくしてしまう。そんな彼を最後につなぎ留めたのは、出発前にヒロインと交わした「必ず帰ってくる」という約束だ。約束とは必ず他者がいて行われる、目に見えない、しかし自分の行動を強く縛るものである。ちなみにヒロインの能力は「任意の一人にのみ姿が見えなくなる」というもので、主人公の能力が他人の身体を乗っ取る＝他人の視界を奪うというものである点と合わせて示唆的である。

『Charlotte』の主人公の設定は、アニメを「観る」という近代的な経験の中に、ノベルゲーム的な主体性——「主人公」と「プレイヤー」が重なった状態——を織り込んでいる。世界をレンズ越しに見つつ、その自分もまたレンズで見られていると意識する主体……誰もがカメラを持ち撮影を行う、デジタルテクノロジー時代の「半透明」な主体が語り部となっているのだ。その語りは世界を一方向的に「ありのまま＝透明に」見ることができると考える、近代人の語りとは異なる。デカルト＝近代の命題を、思わず誤った形で語ってしまうのが「半透明」な主体なのだ。

スマホ時代の「切なさ」への挑戦

現在麻枝が新たに行っている挑戦が、スマートフォンというデバイスに向けたゲーム開発である。その作品、『ヘブンバーンズレッド』（以下『ヘブバン』）は、ずばり「最上の、切なさを。」というキャッチコピーを掲げ、Keyと、スマートフォンゲームの開発・運営ノウハウを持つWFS社のゲームブランド・ライトフライヤースタジオとの協業体制のもと2022年にリリースされた。

PCのデスクトップ画面にGUIを介して触れる中で立ち上がる「半透明」な感覚。それを作品として具現化したもの、というのが本書における〈セカイ系〉の定義だった。スマートフォンゲームにおいて「最上の切なさ」を実現しようとする『ヘブバン』の挑戦に目を向けることは、そのまま〈セカイ系〉の現在地を探ることにつながるだろう。

『ヘブバン』は麻枝自身がシナリオを手がける完全新作のゲームとしては、『リトルバスターズ!』以来実に十五年ぶりの作品となる。主題歌・挿入歌の作詞作曲をはじめ音楽面にも変わらず携わっており、アニメ制作においては脚本家という立場上、十全に発揮することが叶わなかった「総合演出家」としての手腕を縦横に振るっている。[67] 大規模な運営型のタイトルということもあり、さすがに自らスクリプトを組むようなことはしていないようだが、ライトフライヤースタジオ側の尽力でかなり麻枝の意図を演出に反映させやすい体制が実現できているようだ。[68] 特にアドベンチャーパートにはKeyのノウハウが直接的に活かされており、タップに応じて表示されるテキストの文字数やキャラクターの表情差分の切り替えのタイミングなど、細かく計算されていることがプレイしていても伝わってくる。[69]

『ヘブンバーンズレッド』アドベンチャーパートの画面。左のキャラクターが主人公の「茅森月歌《かやもりるか》」

本作は、いわゆるロールプレイングゲームであり、キャラクターのレベルを上げ、より良い装備品を入手して強敵を撃破することでシナリオが進行していく。探索パートおよび戦闘パートでは、３ＤＣＧでモデリングされたキャラクターを操作することになる。アドベンチャーパートは通常のノベルゲームとは違い、地の文＝主人公のモノローグがない三人称視点で進み、主人公を含めた主要キャラクターはすべて女性であるということも、過去作との違いとして触れておくべきだろう。

＊67　通常、アニメの制作においては脚本が最初に書かれ、その後に絵コンテ作成、セリフの収録、アニメーターの作画作業、音声素材の合成……といった工程をたどる。全体を指揮し、総合演出を担うポジションは監督であり、脚本家はあくまで一連の工程の起点に関わる存在でしかない。どんなに制作現場で麻枝の意図が尊重されようとも、自らスクリプトを組んでBGMの流れるタイミングを制御する、といったこともできたゲーム開発と同様にはいかないのである。以下の記事も参照のこと。「麻枝 准に聞く、「笑い」と「泣き」の精緻なメカニズム――『神

物語の舞台は近未来。未知の地球外生命体・キャンサーの出現によって、人類は滅亡寸前だ。プレイヤーが育成・操作することになるキャラクターたちは、前線で戦う兵士である。余暇の時間も用意されており、キャラクター同士の絆を深めるイベントも戦闘の合間に発生する。失いたくない絆が増えるからこそ死と隣り合わせの戦闘に緊張感が生まれ、ときに死者も出る展開に、これまでの日々が思い出されて「切なさ」を覚えることになる。

しかしプレイヤーが最も「切なさ」を覚えるポイントは、主要キャラクターに共通したとある設定にある。メインストーリー第三章クリア後、プレイアブルキャラクターである兵士は、ナービィというスライム状の（キャンサーとはまた別の）地球外生命体が、実在した死者の情報をもとに擬態した姿であったということが明かされるのだ。人間に擬態した「ヒト・ナービィ」は致命傷を受けるとナービィの姿へと戻り、「ヒト・ナービィ」であったときの記憶も失われる。一度ナービィに戻ったら再び「ヒト・ナービィ」に戻ることはなく、つまり記憶の消失という意味での「死」は不可逆なのだという。

様になった日』麻枝 准2万字インタビュー②」ダ・ヴィンチWeb https://ddnavi.com/interview/689307/a/（最終閲覧：2024年3月12日）

＊68 「麻枝（…）ノベルゲームを作っていたときは、ひとつのセリフに対して表情や背景の表示、音楽の切り換えなど、すべて自分でスクリプトを組んでいたのですが、今回はWright Flyer Studios さんに作ってもらったものを、右手が腱鞘炎になるぐらい監修しています。」、以下の記事を参照。『ヘブバン』麻枝准氏インタビュー。今後5年の構想もラストシーンも、その先も頭の

『Charlotte』の項でもすでに言及した通り、記憶喪失というモチーフ自体は、麻枝作品において初めて登場するものではない。過去作のそれと『ヘブバン』が異なるのは、記憶喪失が「ヒト」の「かたち」を失うことと一体となっている点と、主人公たちがその瞬間を目撃して「私たちも同じだ」と気がつく点だ。

　記憶喪失を描く物語の鑑賞者は、多くの場合、記憶を失う当人を見守る側の視点で「切なさ」を覚えることになる。実際、麻枝の手がけた代表的な記憶喪失の物語である『Kanon』（１９９９）の沢渡真琴シナリオでプレイヤーは、実はヒトに化けた狐だった真琴が衰弱しヒトとしての記憶を失っていく過程を、彼女に寄り添う主人公とともに追体験することになる。「実は人ではない」点は「ヒト・ナービィ」の物語と同じだが、今際の際で狐の姿に戻ったと思われる真琴はその瞬間を主人公＝プレイヤーの前に見せることはないし、そ

『ヘブンバーンズレッド』リリース100日記念イラスト。主人公の所属する部隊「31A」の面々に加え、中央のキャラクターの足元に「ナービィ」が描かれている

中に。完成させるまで死ねないプレッシャーと戦い続けるクリエイターの真意」ファミ通.com https://www.famitsu.com/news/202207/05263023.html（最終閲覧：２０２４年３月12日）

＊69　技術的な背景に関しては、ライトフライヤースタジオのスタッフによるゲーム開発者向けのカンファレンスでの発表をレポートした以下の記事も参照のこと。「[CEDEC 2022]「ヘブンバーンズレッドのゲームデザイン」レポート。考え抜かれたブランドアイデンティティが開発のバックボーンになる」4Gamer.net https://

もそも主人公は狐ではなくヒトである。記憶を失う者と見守る者の非対称性、経験の共有不可能性が、そこでの「切なさ」の源泉だったのだ。

www.4gamer.net/games/487/G048777/20220825034/（最終閲覧：２０２４年３月12日）

タッチパネルの化身

過去作と『ヘブバン』の「記憶喪失」の描かれ方の違いは、そのままＰＣで楽しむノベルゲームというメディアと、スマートフォンゲームというメディアの特性の違いにも重なる。

〈セカイ系〉という言葉が生まれた時代＝ＰＣとインターネットが普及し始めた時代には、「(画面上のアイコンやメニューは）見えるけれど（それらを表示させるプログラムは）見えない」という「半透明」な感覚が人々に共有されていた。それを〈セカイ系〉作品の文体分析などを通じて理論化したのもまた東浩紀だったわけだが、近年、東は当時の理論に修正を加えている。東が「再発見」したのは、ＧＵＩの考案者であるコンピュータ科学者、アラン・ケイが、そのコンセプトに「(情報に）触れる」ことを内包させていたという事実だ。

わたしたちが子どものころ、粘土は両手をつっこむだけでどのようなかたちにも変形できることを発見するものである。コンピュータからそのようなことを学ぶひとはほとんどいない。コンピュータの素材[*70]は人間の経験からあまりに離れていて、あたかも遠隔モニタを介して、ボタンとトングで操作するほかない放射性物質の塊であるかのようだからだ。身体的なアクセスがかくも遠いものだとすれば、どのような感情的な接触をつくることができるというのだろうか。

　わたしたちがコンピュータという粘土［clay of computing］を感じることができるのは「ユーザー・インターフェイス」をとおしてである。それは人間とプログラムを媒介するものであり、プログラムはコンピュータを特定の目的のための道具に変形させる（…）。ユーザー・インターフェイスがもっとも重要なのは、慣れないひとにとっても専門家にとっても、あるひとの感覚に対して提示されたもの、それこそがそのひとにとってのコンピュータだからにほかならない。システムがどう動いているのか、つぎになにをするべきかを説明する（そして推測する）ために、だれもが単純化された物語＝神話［myth］を組み立てる。ゼロックスのパロアルト研究所において、同僚たちとわたしはそれを「ユーザー・イリュージョン」と呼んだ。[*71]

＊70　東は上記引用部の後段で「プログラムや計算」が「コンピュータの素材」にあたると説明しているのだが、工学研究者から転じてメディアアートについて美大で教える立場になったという経歴を持つ久保田晃弘は、コンピュータを用いた美術作品の実作に励む学生との対話を通して、データ＋アルゴリズム（計算）としてのコンピュータ自体が作品制作のための（道具ではなく）素材であり、木や金属、石などと並べ得るものであるという「デジタル・マテリアリズム」を提唱するに至っている。その素材としての最大の特徴とは「数字列」、つまり「音も

コマンドプロンプトでファイルの場所を指定し「del」コマンドを入力するのも、手にしたマウスでマウスポインタを動かし、ドラッグ&ドロップで当該のファイル（のアイコン）を「ごみ箱」に移動させるのも、コンピュータに「このファイルを削除してくれ」と命令しているという意味では同じである。異なるのは、そこに介在するイメージの抽象度であり、それを（プログラマーと一般ユーザー、それぞれにとっての）「ユーザー・イリュージョン」として定義することができる。東はＧＵＩが提供するユーザー・イリュージョンを「手の動きがスクリーンのうえでイメージの動きを生み出し、イメージの動きが手の動きを誘導する」と要約する。実際にスクリーンに手で触れることによってコンピュータを操作可能にするタッチパネルの出現を、ＧＵＩのコンセプトはある意味で待望していたというのである。

そうして到来した、触れること（触覚）と見ること（視覚）がかぎりなく一体化した感覚を前提とする「触視的平面」に囲まれた現代を東は、ケイのコンピュータ＝粘土の比喩を引きつつ「たんなる映像優位の時代なのではなく、むしろなにもかもが粘土のように「触ることができる」ようになったと感覚される」[*72]時代だと語る。そして「ウィンドウやアイコンはあくまでも「にせもの」にすぎ

光も、形も文字も、その実体は全て数」ということなのだとも。以下の文献を参照。「Design 3.0：デジタル・マテリアリズム序論」、『遙かなる他者のためのデザイン――久保田晃弘の思索と実装』（ビー・エヌ・エヌ、2017年）所収

＊71　東が1984年のケイの論文〝Computer Software〟を参照し、一部を改変したもの。東浩紀『観光客の哲学 増補版』（ゲンロン、2023年）、p.381-382

＊72　同書、p.383

ない」としつつ、「現代は、「にせもの」が「にせもの」として触られ、操作され、加工され、多くのひとがその操作そのものに快楽を覚える[*73]」時代であると述べる。GUIの思想があらかじめ胚胎していた、「粘土遊び＝触る」ことの楽しさが全面化したことで、かつて夢見られていた「半透明＝切なさ」の感覚は失われてしまったという、諦念じみた時代認識もそこには透けて見える。

しかし麻枝が行っているのは、そんな「触視的平面」の時代においても「切なさ」を生じさせることはできるという証明なのである。『ヘブバン』の戦闘パートではキャラクターが3DCGで描かれ、タップに応じて華麗な攻撃を繰り出すその触覚的な体験は確かに快楽的だ。しかしそうして操作していたキャラクターたちの流れる髪も、しなる手足も本当はなく、スライム状の手足のない生物だということを実感した瞬間、戦闘パートも「切なさ」の場所に変わる。

そもそも、ナービィの設定自体が「触視的平面」における「切なさ」を体現するものだ。ナービィの生態は、「可塑性」という性質の辞書的な定義と一致する。「固体に外力を加えて変形させ、力を取り去ってももとに戻らない[*74]」と記述される、この性質を持つ代表的な物体として挙げられるのが粘土だ。私たちの日常に

＊73　同書、p.388
＊74　「デジタル大辞泉」の当該項目を参照。https://kotobank.jp/word/-44854（最終閲覧：2024年3月12日）

浸透したタッチパネル上での経験、その感覚がキャラクターの設定に織り込まれたものがナービィだと言えるのである。

そんな「タッチパネルの化身」である「ヒト・ナービィ」の物語は、３ＤＣＧで描かれるアクションパートの合間にテキストボックス／キャラクターの図像／背景グラフィックの三層からなる伝統的なノベルゲームのインターフェースを差し込む形で語られ、それ自体が「触視的平面」に「半透明」性を取り戻すという寓話でもある。

「ヒト・ナービィ」の薄れゆく自我の描写は、以下のようなテキストで表される。

わたしは…なにをしようとしていたんでしょう…。
それは…ちゃんと…できたのでしょうか…。
だれかおしえてください…。
なしとげたのでしょうか…わたしは…。
わたしは…わかりません…。
もう…わたしがだれだったか…それすらもわかりません…。

すべてひらがなで書かれ、「子供の世界」である「現実界＝永遠の世界」への回帰を示している。白地にテキストで描かれる演出も「永遠の世界」のそれと同形で、ナービィの持つ可塑性という性質と、「永遠の世界」への回帰が同列のものとして麻枝の中で捉えられていることが見て取れる。

また、そんな「ヒト・ナービィ」同士の絆にも「切なさ」は宿る。オリジナルの来歴に由来する、まったく「違う」アイデンティティを持って集められた兵士たちが、後に自分たちはオリジナルのコピーだという「同じ」傷を抱えていると明かされるわけだが、彼女たちは長い訓練と戦闘の日々の中で、「違う」と「同じ」の間にある「似ている」部分をお互いの中に発見していたのだ。

真相を知った後の主人公たちのアイデンティティの揺らぎは、この曖昧な領域での対話を繰り返すことで解消されることになる（メインストーリー第四章）。そんな彼女たちが軍務と並行してバンドを組んでいるというのもまた象徴的だ。[*75] 個々の異なる役割を尊重しつつ、「グルーヴ」という、研究者やプロのミュージシャンの間でも明確な定義の定まっていない曖昧な領域を時間的な進行の中です

＊75　麻枝作品にバンドが登場するのは『Angel Beats!』『Charlotte』に続き本作で三作目である。その作中における位置づけについては、筆者が執筆を担当した以下の記事も参照のこと。「『ヘブンバーンズレッド』その核をなす、麻枝准というクリエイターの「最大の武器」と「人生」」リアルサウンド テック https://realsound.jp/tech/2022/02/post-976639.html（最終閲覧：２０２４年３月12日）

り合わせていくことが、良いバンド演奏のためには必要不可欠だからだ。

脳とスマホと創造性

スマートフォン時代において麻枝が生み出してみせた「切なさ」。『ヘブバン』のメインストーリーの更新は未だ継続中で、漸次的に公開されていくそれを追うのも楽しみではあるが、並走しつつ私たちはどこに進んでいけるかを考えたい。ただ消費者としての立場に甘んじるだけでなく、自らが新しい「切なさ」の経験を作り出すことはできないだろうかと。

メディア研究において、脳科学の知見を援用した「情動」論への注目が高まっている。[*76] タッチパネルの触覚性と、インターネットの高速化を背景としたタイムラグなきインタラクティブ性が全面化した現代においては、作品の受容体験を分析するにあたって記号やテキストを解釈すること以上に、脳という物質的な基盤の活動に目を向けることが重要になるのだ。

ここでは脳に関して、現代フランスの哲学者、カトリーヌ・マラブーが唱える「破壊的可塑性」という概念に注目したい。マラブーは過去に「精神的」と見な

*76 たとえば、現代メディア研究のキーワードをまとめた以下の文献では、冒頭に配置された「身体」の項目の中で、社会学者、パトリシア・クラフの定義に沿いつつ「主体が意識的に経験する「感情（emotion)」——喜び、悲しみ、怒り——とは区別される前意識的な心的過程であり、より深く身体の物質的次元に根ざしている前主体的、前個体的な経験」といった風に「情動」が紹介されている。門林岳史・増田展大編『クリティカル・ワードメディア論——理論と歴史から〈いま〉が学べる』（フィルムアート社、2021年）

されがちだった現象の中でも、アルツハイマー病などの「脳が物理的に損傷を受けることで、不可逆に人格が変わってしまう」事例に関しては、イメージ（見えるもの）とシンボル（見えないもの）の関係の中で考える、精神分析の枠組みでは解決できないことを強調する。脳は「この私」に強く関係していながら、CTスキャンのように（自分以外の「誰にでも」見ることのできる）画像によってしか見ることができないのだ。

だれも「自分の」脳について語ることはできない。「私の」脳と私のあいだには不透明な壁があり、「私」のうちで思考し、感じる「この私」である。[*77]

マラブーはラカンの想像界・象徴界・現実界の三分法に加えて、脳もそこに属する「物質的なもの」のあるべき場所を定めることが必要だとする。その場所を仮に物質界と呼ぶならば、物質界は「イメージでもシンボルでも捉えきれない」という意味では現実界の位置に重なりつつも、さらに具体性を伴わせたものと言える。ラカンの枠組みでは「この私」が不変であることが前提とされるがゆえに、過去の、素朴なノスタルジーの対象とも解釈されかねない「子供の世界＝現実界」を、未来の新たな世界を作ることに寄与するものとして解釈できるようにす

＊77　カトリーヌ・マラブー著、平野徹訳『新たなる傷つきし者——フロイトから神経学へ　現代の心的外傷を考える』（河出書房新社、2016年）、p.214

るのだ。
　マラブーは、脳が損傷を受けることによる精神の変化は「この私」の退行現象などではなく、新しい人格の創造ですらあるのだと言う。「脳は、自分がダメージをうける可能性を予期することなど、まったくできない」[*78]。損傷が起きたときにその影響を被ったと言える主体は、すでに「新たなる私」なのである。

「破壊的可塑性」とは、破壊と創造が一体となった、「物質的なもの」の持つ基本的な性質のことである。可塑性（plasticity）の原義には「かたちを与える（造形する）」という意味があるが、脳という「かたち」を持った「物質的なもの」に注目することで、東の定義によれば「常識（象徴界＝社会の約束事）も夢（想像界＝恋人や家族との幸福な夢）もともに壊す」とされる「現実界＝子供の世界」を、創造的なものとして捉える視点を得ることができるのである。

　そもそもスマートフォンだって、プラスチックや金属からなる、一定の「かたち」を持った「物質的なもの」である。地面に落として画面がひび割れてしまったときに、急にそのことを思い出すかと思うが、そんなときこそ身体との「つな

＊78　同書、p.215

がり」が切れ、「切なさ」を味わう契機なのだ。「切なさ」の回復のために必要なのは、意識的に「つながり」を断つ勇気であり、画面を撫でているだけで「(粘土のような物体を)触ったような気分になれてしまう」タッチパネル・インターフェースの時代においては、「かたち」を正しく捉える能力がそれに加えて必要である。「つながりの切断」と「かたちの把握」。自ら新しい「切なさ」を生み出すことは、このプロセスを介さなければあり得ない。

しかしスマートフォンを手放そうとか、いっそ壊してしまおうだとか、そんなことを今さら言っても何も始まらないだろう。現代の情報環境やデバイスとうまく付き合いつつ、この能力を得るにはどうすればよいのか。その具体的な方法を次章以降では探っていきたい。

5章

「ポスト・ボカロ」とは何か

Towards You,
Weaving
“The End of the World”

Chapter Five

2007年という特異点

デジタル時代において「作る」主体である「オペレーター」は、ソフトウェアをうまく扱える人間のことである。言い換えればソフトウェアと仲良くなれる人間ということで、そのイメージを摑む助けとなってくれるのがボーカロイド（ボカロ）だ。この言葉は、狭義にはヤマハが開発した音声合成技術とそれを利用できるソフトウェアのことだが、広義にはその周辺に広がる巨大な創作のネットワーク、あるいは文化圏のことを指している。

初音ミクをはじめ、多くのボーカロイド製品を開発・販売するクリプトン・フューチャー・メディア（以下、クリプトン）社でチーフプロデューサーを務める佐々木渉は、初音ミクが登場して以降の創作に関する感覚の変化を「ポスト・ボカロ」という簡潔な言葉で表している。以下の発言は近年のボーカロイドシーンにおいて存在感を増すスマートフォンゲーム『プロジェクトセカイカラフルステージ！ feat. 初音ミク』（2020年サービス開始、以下『プロセカ』）において、実はアンダーグラウンドな文脈を持っていたり、ジャズシーンで活躍しているミュージシャンが音源の収録に参加していたりするという話がなされた後のものだ。

旧来のネット発のカルチャーは、文脈ではなくネット周辺で閉じやすい部分もあると思っていて。今はYOASOBIさんたちのおかげでブームの勢いがあるから、オーバーグラウンドになってきていると思うんですけど、そのうちボカロの影響を受けた「ポスト・ボカロ」の動きが活発化してボーダレスになることで、ボカロという先入観が、ネットによる作品発表の効果性や、風通しのよさ、独特のデフォルメ感、型にはまらないアイディアの多様さという優位点に移っていく。『プロセカ』のようなメディアミックスのアドバンテージもあるし、次世代のアートや音楽の文脈へのフィードバックも増えると思います。[*79]

＊79 「ボカロ文化の歴史を次世代に繋ぐ試み『プロジェクトセカイ』鼎談」CINRA https://www.cinra.net/article/interview-202104-projectsekai（最終閲覧：2024年3月12日）

創作のパラダイムとしての「ポスト・ボカロ」とは、「ソフトウェアを用いた制作の全面化」「ソーシャル・ネットワーキングによる従来の階層構造のフラット化」「キャラクター文化に由来した抽象化の技法の一般化」からなるものだと言える。その始まりは明確にソフトウェアとしての「初音ミク」が発売された2007年と定義することができるだろう。ニコニコ動画、YouTubeといった動画投稿プラットフォームだけでなく、ソーシャルメディア（Twitter）やスマートフォン（iPhone）が登場したのもこの前後なのだ。[*80]

デジタルテクノロジーの進展とコンテンツ文化に等しく視線を向ける姿勢を東浩紀から受け継ぎつつ、２００７年以降の状況を論じた論者としては、濱野智史[*81]や村上裕一[*82]の名前が挙げられる。濱野はニコニコ動画における「（動画上を流れる）コメント」「タグ」といった、ユーザーの行動を規定する機能……「アーキテクチャ」に目配せしつつ、特定の固有名詞を持った作家の創作活動に対して匿名のユーザーによる創作の連鎖、「N次創作」が優位となる可能性を説いた。そこでは基本的に消費者であるはずの「オタク」が、消費者でありながら匿名の作者にもなりうるユートピアの夢が描かれていた。そして、そんなビジョンを身をもって体現する存在——村上はそれを単なるキャラクターとは区別して「ゴースト」と呼んだ——としてスポットライトが当てられたのが初音ミクだった。

彼ら「ゼロ年代」に熱心に「コンテンツ批評」を行っていた論者は、２０１１年の東日本大震災をきっかけとして情報インフラとしてのソーシャルメディアの重要性が見直され、ネットコミュニティ全体が急速に現実の社会情勢に紐づく顕名的な場へと変容、匿名的創作のユートピアの夢もしぼんでいった……という史

＊80　ニコニコ動画のローンチは２００６年、翌２００７年には収益の大部分を占めるプレミアム会員制度がスタートした。YouTubeのローンチは２００５年で、翌２００６年にGoogleに買収されて以降急速に成長していくことになる。Twitterがアメリカでローンチされたのは２００６年で、日本に上陸したのは２００８年。アメリカで初代iPhoneが発売されたのは２００７年で、日本には翌２００８年発売のiPhone 3Gで初上陸した。

＊81　代表的な著作として、『アーキテクチャの生態系——情報環境はいかに設計されてきたか』

観を語ることが多い。しかし初音ミクの登場以来広がっていったボーカロイドカルチャーは、2007年から現在に至るまで（ときには衰退説が囁かれながらも）一定のファンベースを保ち続け、今や米津玄師、YOASOBI、Adoといった名前を持ち出すまでもなく、その血脈はポップスのメインストリームを形成している。

（NTT出版、2008年）がある。
＊82 代表的な著作として、『ゴーストの条件——クラウドを巡礼する想像力』（講談社BOX、2011年）がある。

彼らの仕事が取りこぼしたものは何だったのか。それはキャラクター以前にソフトウェアであるボーカロイド、その特殊性への考察ではなかったか。ソフトウェアと協働して作品を生み出す「オペレーター」的な作家像は、初音ミクという「ソフトウェアと協働すること」それ自体の擬人化を介して顕在化したのだ。これが「匿名のユーザーによる協働」を言祝ぐ前に、本当は押さえておかなければならなかったことである。

「セカイ系的主体」

YouTubeやニコニコ動画といった投稿プラットフォームの出現によって、オーディオ／ビジュアルコンテンツの流通量は爆発的に増加した。しかしソーシャルメディアの普及は多くのアテンションを集めるビッグタイトルとそれに対する解釈と考察のゲームを次第に優勢なものとし、「クリエイター」と呼ばれる人間の人口は増えたにもかかわらず、その固有名詞の地位は相対的に低下してしまったように思える。より多くの仕事を得るために、「クリエイター」はソーシャルメディア上で自らの実績を誇ることに忙しい。もちろん、仕事の質を高めることの重要性は変わらないのだが、より戦略的に宣伝活動を行い、オープンマインドで他者とつながることができる人ほどさらに良い仕事にありつけるというサイクルは強固なものになってしまった。

「作る」ことに注力し、自分自身について語ることはほとんどないが、どのように「作る」を実現しているか、その技術的な背景は（ある種のキャラクター性を伴って）語られ続ける。そんな特殊性を持ったソフトウェアがボーカロイドだ。このあり方は、ソフトウェアと協働し、主体性の半分をソフトウェア側に明け渡す「オペレーター」的な作家像の理想型と言える。

現在、ソーシャルメディアで「ボカロP」と名乗る人々の中には、プロフィール欄の先頭に自身の年齢を書く例が散見される。その是非については措くとして、少なくとも、かつてはマスメディアが「〇〇歳の新鋭！」などと喧伝していたことを自分でやらざるを得なくなっている、ということは言える。「作る」ことと「宣伝する」ことの分裂状況にさらされている現代の「クリエイター」たちは、自ら「ボーカロイドのようになる」ことを必要としているとは言えないだろうか。

最初期の初音ミク楽曲であるcosMo@暴走P「初音ミクの消失」[*83]は、「人間には到底歌えない」超高速歌唱によって、壊れゆく初音ミクの自我を表現した作品だった（ソフトウェアとしての「初音ミク」のユーザーに向けて歌われる「別れの歌」は、兵器としての自我に侵された『最終兵器彼女』のヒロインが主人公に向ける感情にも似て胸が締めつけられるものだ）。フランス文学研究者の中田健太郎は、このような「人間でも機械でもないもの」が自らメッセージを発している楽曲のあり方に新しさを覚え、それを歌う主体に名前を与えようとした。

中田が参照するのは、4章でも取り上げた〈セカイ系〉にラカンの理論を重ねる類の論法だ。そもそも声というものは、ラカンの理論によると、抽象的で拠り所のない、人間に不安をもたらすものであり、いわゆる「現実界」への通路でもある。「声そのもの」が聞こえてくる、つまり「現実界」に直面することに人間は不安で耐えられないから、キャラクターのイラストが仮の発声元として必要と

＊83　ショートバージョン（https://www.nicovideo.jp/watch/sm1476648）が2007年11月8日に、ロング（フル）バージョン（https://www.nicovideo.jp/watch/sm2937784）が2008年4月8日に、それぞれニコニコ動画に投稿された。

される。中田は、このようにして声が先立ち、その拠り所としての身体が後にイメージされるような主体のあり方を、「現実界」と「想像界」を直結させる主体という意味で「セカイ系的主体」と名づけたのである。[*84]

ソフトウェアとしてのボーカロイドを支える技術は、「波形接続型音声合成」ないしは「コーパスベース音声合成」と言われ、収録した人間の声（波形データ）を子音・母音などに細かく分割し、音声を作り出す際にはコーパスと呼ばれるデータベースに従ってつなぎ合わせる、という過程を踏むことからこのような名称がついている。[*85]ヤマハはこの技術を各社にライセンス提供していったため、クリプトン社の初音ミクをはじめ多くのキャラクターが生まれた。[*86]ソフトウェアとしての「初音ミク」は、事前に収録した声優や歌手の音声をもとにした「ライブラリ」と、音程や歌詞を入力するための「エディタ」から構成される。[*87]

これを踏まえて「セカイ系的主体」を改めて定義すると、「エディタ」が「ライブラリ」に登録されたバラバラな音声データをひとつの「歌」という単位に統合する際に、ソフトウェアとともに「作る」人の中に立ち上がってくるイメージのことだと言えるだろう。「エディタ」と「ライブラリ」の間にあるプログラム

＊84　中田健太郎「主体の消失と再生――セカイ系の詩学のために」、『ユリイカ　２００８年12月臨時増刊号　総特集＝初音ミク』（青土社、２００８年）所収

＊85　「【特集】音声合成ソフトの進化がすごい！無料で使えるVOICEVOXや有料のVOICEPEAKを試してみた」PC Watch https://pc.watch.impress.co.jp/docs/topic/feature/1403379.html（最終閲覧：２０２４年３月12日）

＊86　「ボカロとはなにか？いまさら聞けない、ボーカロイドの基礎知識」Ｗｅｂ音遊人 https://jp.yamaha.com/sp/myujin/53061.html

の擬人化と言ってもよく、キャラクターとしての「初音ミク」が好きな人ではなく、あくまでソフトウェアとしての「初音ミク」を扱う立場に寄り添った概念と言える。「作る」ことのアシストをしてくれる相棒のような存在が「セカイ系的主体」なのだ。

（最終閲覧：２０２４年３月12日）
＊87 「VOCALOIDとは?」VOCALOID 公式サイト https://www.vocaloid.com/articles/vocaloid（最終閲覧：２０２４年３月12日）

「セカイの狭間」にて

冒頭でその名前に触れたスマートフォンゲーム『プロセカ』は、ボーカロイドを用いて作曲を行う「ボカロＰ」が「セカイ系的主体」とともにあることを世界観に織り込みながら、一般ユーザーに向けたストーリーコンテンツを提供するものである。セガ、Colorful Palette、クリプトン・フューチャー・メディアの三社が協業する形となっており、シナリオ面の開発はそのうちColorful Palette社が担当している。

２０２０年9月にサービスを開始した『プロセカ』には、初音ミクたちクリプトン社発の「ピアプロキャラクターズ」以外に人間のオリジナルキャラクターが多数登場し、彼女ら／彼らの交流と成長がストーリーの軸になっている。ゲームの中心をなすのは楽曲に合わせて流れてくる光に合わせて画面をタイミングよくタップするリズムアクションの要素であり、すでにリリースされている多数のボーカロイド楽曲を実装するプラットフォームでもある。

作中の設定では、初音ミクたち（作中では「バーチャル・シンガー」）が棲んでいる空間が「セカイ」と呼ばれる。アドベンチャーパートはノベルゲーム風のインターフェースで読み進める形となっており、いざこざやわだかまりを抱えた登場人物たちが「セカイ」に迷い込み、心を通わせることでバンドやユニットで音楽活動を始めるというのがストーリーの導入になっている。なお、人間のキャラクターたちの初音ミクたちとの交流はそれで終わらず、活動が行き詰まるたびに「セカイ」を訪れることになる。

『プロセカ』には一般的なノベルゲームと異なり、プレイヤーと視界を共有する特定の「主人公」は存在せず、プレイヤーは徹底的に傍観者の立場にとどまる。プレイヤーの存在が唯一作中に描き込まれるのが、ゲームを初めて起動した際に訪れる「セカイの狭間」と呼ばれる場所である。そこにいる初音ミクは、次のようにプレイヤーに語りかけてくる。

ここは、セカイの狭間
たくさんの想いが集まって、そして、たくさんの『セカイ』が生まれる場所
だよ
セカイはね、想いから生まれる不思議な場所なんだよ
想いの数だけセカイがあって、姿かたちを変えるの
わたしはここで、それぞれのセカイから歌が生まれるのを見守ってるんだ

『プロジェクトセカイ』チュートリアルの画面

「セカイ」はゲーム内に登場するユニットの数に応じて五つ存在し、そこに棲む初音ミクたちの外見もそれぞれ異なっているのだが、プレーンな状態の初音ミクは「セカイの狭間」にしか登場しない。誰かの「想い」に反応する前の、言わばイデアとしての〈初音ミク〉がそこにいるのだ。

そしてプレイヤーは本作において、そんな〈初音ミク〉と唯一言葉を交わすことのできる存在である。「フレンド（フォロー）」機能などソーシャル性の高い機能

を備え、内容的にもきわめて社会性の高い題材――わかりやすいところだと、公式からも「心の闇」がテーマと明言されているユニット[*88]「25時、ナイトコードで。」のシナリオでの、不登校とワーカホリック、両親からの精神的抑圧による感情の喪失、ソーシャルメディア依存、ジェンダーアイデンティティにまつわる問題など――が扱われる『プロセカ』のストーリーを、私たちはあくまでその外側に立って見守ることになる。

この「介入できなさ」は意地悪な見方をすれば、PCにインストールしたボーカロイドを用いて作品を生み出す「ボカロP」と、その作品を消費するにとどまる一般スマートフォンユーザーとの間にある隔たりを反復しているとも言える（もちろん、本来隔たりのある「ボカロP」と一般スマートフォンユーザーが、作品を介して接点を持てるということ、それ自体は素晴らしいことである）。

そう考えると、ストーリーの外側に立つプレイヤーとしての私たちは「いずれボーカロイドを用いて音楽を作り出す可能性がある人」であり、そこに初音ミクの開発元であるクリプトン社がこの事業を積極的に推進している理由も見て取ることができるかもしれない。実際、受賞楽曲のゲーム内への実装が行われるコン

＊88　「『プロジェクトセカイ』は音楽と人間の関わりを支える〝初音ミク〟という存在を具現化した作品に【開発者インタビュー】」電ファミニコゲーマー https://news.denfaminicogamer.jp/interview/200803a（最終閲覧：2024年3月12日）

ペティション「プロセカNEXT」など、創作意欲を刺激する企画も積極的に行われている。

「人間VS非人間」という偽りの問題

「人間がボーカロイドに憧れ、ボーカロイドが人間に憧れる」相互浸透の時代はすでにやってきている。たとえばYOASOBIの楽曲は、コンポーザーのAyaseが初音ミクを使って制作したデモをボーカルのikuraが聴き、レコーディングへ臨むというプロセスをたどる。[*89] クリプトン社の佐々木は最初に「夜に駆ける」を聴いたとき、その歌声に「ほんのりミクの面影を感じた」という。

言葉のつなぎ目の軽妙さとか、発音のリズムとか、こういう風に〝初音ミク〟を解釈してくださる方がいるんだって正直感動しましたね。それは、きっとデモテープから始まっていることなんだろうと思います。ミクの声で作ったAyaseさんのなかに、ikuraさんのテクニカルな歌のイメージと、ミクの中にある無機質な面白さをマッシュアップさせている感じ。〔…〕だからミクの良さがおぼろげに残っていながら、圧倒的にikuraさんの歌であり、YOASOBIの世界観になっていて。リズムの歯切れの良さや、声質の爽快感

＊89 「〈インタビュー〉YOASOBIが語るユニット結成の経緯、音楽と小説を行き来する面白さ」Billboard JAPAN https://www.billboard-japan.com/special/detail/2948/（最終閲覧：2024年3月12日）

みたいなところがかけ合わさって、もっと面白い音楽になっていく。[*90]

現在はＡＩ技術を用いて「より人間らしい」歌唱を実現するソフトウェアも登場している。そのひとつがCeVIO AIだ。２０２１年に前身であるCeVIO Creative Studioをアップグレードする形で発売されたこのソフトウェアは、ソニー・ミュージックエンタテイメントなど五社からなる「CeVIOプロジェクト」に紐づいている。[*91]

CeVIO AIを支える技術は「統計的音声合成」と呼ばれる。[*92] 収録した人間の声を機械学習にかけ、声質だけでなく「しゃくりあげ」や「ビブラート」などの癖、つまり「どのように」発音しているのかというパラメータを含めたデータを作成していることがボーカロイドとの違いとなる。文章や楽譜情報を与えるとそれを分析して、提供元の声質や歌い方を、統計を元に予測するのだ。ソフトウェアの開発を担当するテクノスピーチ社代表の大浦圭一郎は、こうしたCeVIO AIの設計思想を、「楽器」ではなく「人の歌声を再現する」方向性にあると語っている。[*93]

＊90　「初音ミク生みの親　佐々木渉が語る未来」、『GINZA特別編集 THE YOASOBI MAGAZINE』（マガジンハウス、２０２１年）所収

＊91　ソニー・ミュージックエンタテインメント、テクノスピーチの他、アップ・フィールド、ブイシンク、フロンティアワークスの三社が参画。

＊92　「CeVIO AI・CeVIO Proの情報まとめ/技術面について」CeVIOユーザー互助会wiki　https://w.atwiki.jp/cevuser/pages/53.html（最終閲覧：２０２４年３月12日）

＊93　「音楽同位体可不やバーチャル若大将で話題にCeVIO AI開発者に聞

実際にCeVIO AIを使用しているミュージシャンの所感は以下のようなものである（なお、引用中に記載の見られる「VoiSona」はテクノスピーチ社が単独で企画・開発を行うCeVIO AIとは姉妹ブランドの関係になる製品である）。

いよわ：『CeVIO AI』って音を打ち込んだら自動的にピッチが生成されて、それが線になって見えるじゃないですか。〔…〕自動的に生成されたピッチが視覚的に見えるということは新鮮でしたね。あとは、打ち込んだ時点でほぼ完成形の歌い方になっているというのが今までにない感覚だと感じました。

RED：ボーカロイドを使ってるときよりも、より〝人とやり取りしてる感じ〟があるというか……人にお願いして歌唱していただいてる感じがしました。人間らしい表現は『CeVIO AI』や『VoiSona』の方が向いてるのかなと思いますね。[*94]

しかし「人間らしい」歌声を実現する技術が出てきたから、「セカイ系的主体」としてのボーカロイドというビジョンが過去のものになったというのは早計である。AI技術の進展は、初音ミクの出現時すでに始まっていた「人間vs非人間」

く、〝声〟を後世に残す音声創作ソフトの未来」リアルサウンド https://realsound.jp/2022/11/post-1153357.html（最終閲覧：2024年3月12日）

＊94 「ボカロシーンに広がる「音声合成ソフトウェアの多様化」から生まれた新たな〝創作論〟いよわ×RED対談」リアルサウンド テック https://realsound.jp/tech/2023/03/post-1279359.html（最終閲覧：2024年3月12日）

花譜（左）と可不（右）

という問い自体の抹消を、より加速させたにすぎないのだ。

3Dのアバターを用いて活動するバーチャルシンガーグループ・V.W.Pのプロデューサーであり、彼女らの声をもとにしたCeVIO AIソフトウェア「音楽的同位体」のプロジェクトも主導するPIEDPIPER（KAMITSUBAKI STUDIO）は、V.W.Pの一員でもあるバーチャルシンガー・花譜《かふ》（2018年活動開始）とその歌声をもとに作られたソフトウェア「可不《かふ》」（2021年発売、「音楽的同位体」の第一弾）の声を「まったく一緒にしない方がいい」という感覚があったといい、「(引用者註：もっと本人に近いものにすることもできたが）あえてちょっとボカロっぽさ、機械っぽさを残したものを採用した」[*95]と語っている。CeVIO AIのシステムにおいて、学習した音声を生成する際にはVocoderと呼ばれる機能を介することになるのだが、その設定

＊95　「Vtuber界隈からボカロ界隈へと広がる新ムーブメント「音楽的同位体・可不」――ネット発の新ムーブメント・Vtuberの音楽シーンを探る 第3回」音楽ナタリー https://natalie.mu/music/column/497092（最終閲覧：2024年3月12日）

をチューニングすることで「機械っぽさ」に寄せることも可能なのだ。

「音楽的同位体」のひとつである「星界《せかい》」に音声データを提供したバーチャルシンガーのヰ世界情緒《いせかいじょうちょ》は、完成した「星界」を多くのユーザーが利用して楽曲を制作していることについて、当事者として次のように語っている。*96

　最初は、ヰ世界情緒ファンの方に使っていただくことがほとんどだったと思うのですが、最近では「ヰ世界情緒は知らないけれど星界は使っている」という方がいらっしゃるのをお見掛けします。ボーカロイドは、自己の表現したいことのために、恣意的に使ってもらうために生まれた存在だと思うので、そちらが先行しているのを観測できたのはうれしいなと思います。

　ボーカルは楽曲における印象が強いので、たくさんある人工歌唱ソフトウェアのボーカルの中から、自分の声をもとにした星界を選び、使ってもらえているのがありがたいなと思っています。その人が、表現する際に使う絵筆になれた気持ちですね。

　ボーカロイドが好きで、視聴者として楽しんでいたところから、皆さんに一番に選ばれる存在になれたというのは、とても感慨深いです。*97

*96　引用した発言の中では、CeVIO AIソフトウェアである「星界」についても「ボーカロイド」と呼称されているが、合成音声ソフトウェア全般を包括する適当な名称が存在しないがゆえに、こうした用法はむしろ一般的である。以下の記事も参照のこと。「ボカロ曲の作り方①【ボカロの歴史／ボカロPの作業／基礎知識】」plug+ https://plugplus.rittor-music.co.jp/training/series/how-to-make-vocaloid-songs/01-vocaloid-attraction/（最終閲覧：2024年3月12日）

*97　「ヰ世界情緒インタビュー「バーチャ

このように、「人間／非人間」の境界をすでに超えた意識で活動を行う表現者の言葉を直接聞くことができるのが「ポスト・ボカロ」の時代なのである。

「自分ではない何者か」になること

しかしボーカロイドは、ソフトウェアとして直接それを触らないタイプのミュージシャンにとっては、時として過剰とも言える理想を抱かせてしまう存在のようだ。２０１４年に「ray」で初音ミクと共演したロックバンド・BUMP OF CHICKENのソングライターである藤原基央は、「曲がどういう風に再現されたいと思っているのか、どういうアレンジを望んでいるのか、どういう音を自分につけて欲しいと思っているのか。〔…〕その曲の意思を聞くことを僕たちはいつも精一杯やってきた」とバンドの活動方針について述べつつ、「私情を決して挟むことはなく、善悪も無ければ、嬉しい悲しいもなければ、ただただ指定された発音、指定された音階、それを誠実に忠実に歌にして」いく初音ミクに「尊敬に近いものを感じて」いると語っていた。*98

一方、ボーカロイドカルチャーの初期から活躍するボカロＰのryoは、

ルシンガーと人工知能の未来」」、『人工知能』Vol.38 No.4（２０２３年7月号）https://www.jstage.jst.go.jp/article/jjsai/38/4/38_584/_article/-char/ja/

＊98　ラジオ番組「SCHOOL OF LOCK!」２０２４年3月20日放送分の書き起こしより。https://www.tfm.co.jp/lock/bump/index.php?itemid=2244（最終閲覧：２０２４年3月12日）

2020年にメディアアーティストの落合陽一と対談した際に「自分はもともと匿名性の高い音楽が好きで、自分を消失させたがるんですよね。だから「アーティスト」と名乗りたくなくて、顔出しもしていない」「ボカロは、「個」につきまとう人生の悩みを克服させてくれる」と語っている。[*99] これは藤原の発言とは似て非なるものだ。

ryoが2007年末に投稿した「メルト」は翌年にかけてニコニコ動画のランキングを「メルト」関連一色にする現象を引き起こし、それは「メルトショック」とも言われた。音楽ジャーナリストの柴那典による2014年の著作『初音ミクはなぜ世界を変えたのか?』では、「固有名を持った作曲家としてのボーカロイドクリエイターの存在に沢山のユーザーが気づいた」事例としてryoの名前が挙げられている。[*100] 初期のボーカロイド楽曲が「「PCの中にいるみんなの歌姫」である初音ミクを主役にして歌詞を書いたものが中心」だったのに対して、同楽曲が画期的だったのは「歌詞の主人公はミク自身ではなく、ryoが思い描いた少女。その心情を、ミクがシンガーとして表現する」ものだったからであり、それによって「初音ミクが「電子の歌姫」のキャラクターソングではなく、いわゆるシンガーとして「ポップソング」を歌って広く受け入れられた初めての曲になっ

＊99 「ryo (supercell)×落合陽一が語り合う「ボーカロイドとクロス・ダイバーシティ」」リアルサウンド テック https://realsound.jp/tech/2020/12/post-660815.html（最終閲覧：2024年3月12日）

＊100 柴那典『初音ミクはなぜ世界を変えたのか?』（太田出版、2014年）、p.152

た」のだと。

しかし先述の対談記事によれば、ryoは「自分ではない何者かになって音楽を作るのが、とても好き」なのだといい、そういった制作の仕方は、固有の肉体性を持たないボーカロイドを用いることで実現しやすい。それが最初に形になったのが「メルト」だったということなのである（ちなみにryoは「メルト」後、ユニット・supercellとして生身のボーカリストを迎える形での活動を本格化させたが、同じことを生身のボーカリストには理解してもらうのは難しい旨も同記事中で語っている）。

「メルト」の主人公である少女は、ryoが成り代わった「自分ではない何者か」だった。「セカイ系的主体」としてのボーカロイドはこのように、作曲家の主体性の移行を手助けする。それは藤原が憧れたような「私情を挟まず、指定された音階通りに歌う」主体でも、単に作家の意志を実現する「道具」でもないのである。

しかしその感覚は、柴の著作が刊行された２０１０年代半ばには浸透していなかった。ryoは「セカイ系的主体」のイメージを摑むことに長けた、今にして思えば「ポスト・ボカロ」の思想を体現するミュージシャンだったのだが、あまりに時代に先行しすぎていたため単に「道具」としての初音ミクをうまく使える者だと見なされ、旧来的な意味での作家主義の体現者として評価されてしまったのだ。

「動くイラストレーション」の美学

あくまでラカンの「声」に関する考察をもとに、バラバラな音声データを「歌」に統合するソフトウェアとしてのボーカロイドについて考案された概念である「セカイ系的主体」だが、あらゆるオペレーターとソフトウェアとの関係において姿を現すものとして拡大解釈することも可能だろう。2章で触れたマノヴィッチ『ニューメディアの言語』の議論を踏まえれば、作品のデジタル化とは、あらゆる表現フォーマットが縛られてきた時間や空間の制約——たとえば「絵画鑑賞とは、額縁に入れて壁に掛けられたものを鑑賞することである」といった先入観——を、一度バラバラのデータに解体することから始まるからだ。

そのようにしてバラバラになったデータを、「映像」や「音楽」といった既存の表現フォーマットを模倣した形＝ニューメディアに再統合するものとして、「映像編集ソフト」や「音楽制作ソフト」といった、用途に応じたソフトウェアのバリエーションが存在すると考えられる。「ポスト・ボカロ」とは、ソフトウェアと協働する制作スタイルが全面化し、「セカイ系的主体」の実在感覚が広く浸透した世界観を指すと言えるのだ。

以上を前提に、ボーカロイドシーンにおいてなぜアニメーションのミュージックビデオが隆盛するのかということについても考察を深めることができる。

ずっと真夜中でいいのに。やEveといった、シーンと近接する[*101]ミュージシャンのミュージックビデオで知られるアニメーション作家のWabokuによると、ボーカロイドシーンにおいてオリジナルの自主制作アニメーションによるミュージックビデオをアップする事例は、２０１５年頃を皮切りに増えたという。[*102] ２０１５年はTwitterに動画をアップできるようになり、イラスト制作ソフト・CLIP STUDIO PAINTにアニメーション制作機能が追加された年でもあり、Wabokuの証言と一致する。

＊101　ずっと真夜中でいいのに。の大半の楽曲の作詞・作曲を手がけるのはボーカルの「ACAね」だが、作編曲にボカロPの「ぬゆり」や「100回嘔吐」が参加している楽曲がある。またEveは既存のボーカロイド楽曲を肉声でカバーして投稿するいわゆる「歌ってみた」の出身だが、メジャーデビュー前の段階でボーカロイドを用いた作曲活動も並行して始め、代表曲「ナンセンス文学」など「ボカロP」としても確かな人気を誇っている。

＊102　「アニメーション作家になるまでの道のり！独自の作風を失わない秘策とは」Vook ht

Wabokuはボカロ P・ルワン（現名義：遼遼）の依頼で2017年に初めてミュージックビデオを制作した。その後に起きた自身の状況変化も含めて、アニメーションのミュージックビデオが爆発的に増えたのが2018年頃だとも語っている。[*103] 2017年は、CLIP STUDIO PAINT が iPad に対応し、iPad でアニメーション制作を完結させることができるようになった年だ。ちなみに Waboku は「1つのソフトでアニメーションを作ろうとすると、CLIP STUDIO PAINTが向いている」としつつ、自身は工程に応じて Adobe 製品を中心とする複数のソフトを使い分けているとしている。[*104]

アニメーション研究者の田中大裕は、CLIP STUDIO PAINT の進化や、2020年にアニメーション作家・こむぎこ2000がソーシャルメディア上で開始したムーブメント・#indie_anime（このハッシュタグをつけて自主制作の短尺アニメーションをソーシャルメディアに投稿する、というもの）の作風に目を向けつつ「今後は、まさしく「動くイラストレーション」とでも形容できるような、動きそのものよりも総合的なビジュアルや世界観、編集などに力点をおいた作品が増えていく[*105]」と予想している。

tps://vook.vc/n/4867（最終閲覧：2024年3月12日）
＊103 同記事
＊104 同記事
＊105 「アニメーション研究者・田中大裕が語る「#indie_anime」と2010年代以降の個人制作アニメシーン」MACC - Media Arts Current Contents https://macc.bunka.go.jp/289/（最終閲覧：2024年3月12日）

こむぎこ2000は高校生だった当時、劇場公開された『君の名は。』に衝撃を受けてアニメーション制作を始めたという経歴の持ち主だ。[*106] 新海が自主制作出身であることも大いに後押しになったというが、『ほしのこえ』のようにキャラクターデザインに重きを置かず、風景を描いた静止画の連続で魅せるスタイルを踏襲しているわけではない。キャラクターデザインは『ほしのこえ』に比べて非常に端正だし、適度に簡略化されていながら「動き」もある。しかしその「動き」は、『君の名は。』における「動き」——同作品に参加したスタジオジブリ出身の安藤雅司が語るところの「時間軸や芝居の流れにこだわった」[*107]——ともまた異なるのだ。

「動くイラストレーション」的作品の多くに共通するトーンとして、キャラクターと背景がマットな質感で同一平面上にレイアウトされ、キメの構図が一枚のイラストとしても成立する強度を持っている点が挙げられる。新海がデビュー時から光源をシミュレーションした画面設計と肉声による台詞の間合いのコントロールで「時空間を作る」ことを志向していたのに対して、そもそも「時空間を作る」ことを志向していなさそうなのが「動くイラストレーション」の美学なのである。「2枚の絵が連続していたら、それはアニメです」[*108]というこむぎこ

＊106 「アニメーション作家・こむぎこ2000「メロディーを聴くとシーンが浮かぶ」」WANI BOOKS NewsCrunch https://wanibooks-newscrunch.com/articles/-/4644（最終閲覧：2024年3月12日）

＊107 「安藤 自分が参加しなくても『君の名は。』は成立したんだろうと思います。新海（誠）さんの設計を活かす別の方向があったかも知れない。〔…〕自分がやるとなると、時間軸や芝居の流れにこだわったものになっていってしまうんですね。どういうタイミングで話し、それを受けてどういうリアクションで反応して、身体

2000の発言には、そのことがよく表れている。旧来の時空間感覚がバラバラになったところから作品を立ち上げる、「ポスト・ボカロ」の世界認識がそこにはあるのだ。

「ポスト・ボカロ」の共同制作

ソフトウェアと協働するタイプの作り手、つまり「オペレーター」の共通言語としての「セカイ系的主体」の実在感覚は、イラストとアニメーション、アニメーションと音楽といった、異なる表現フォーマットの間に橋を架ける。この観点から先駆的と言える作品が、映像作家／イラストレーターの宇木敦哉が監督した短編アニメーション『センコロール』（2009）である。本作は宇木が「動画革命東京」というコンペティションに出品した個人制作のパイロット版をソニーミュージック系列のアニプレックス社が拾い上げ、劇場上映作品として改めて制作されたという経緯を持つ。

そして、ユニットsupercellとしてソニーミュージック内のレーベルに所属していたこともあり音楽担当として引き合わされたのが、「メルト」の作曲者であるryoである。ryoは宇木とのやり取りについて「普通は「悲しいシーンの

がどういう風に動くのか……と。前後の芝居に一貫性を持たせたいと思ってしまうんですね」、「作画監督対談 安藤雅司氏×稲村武志氏「何から描くべきか？」[2]『君の名は。』の作画をめぐって」論座アーカイブ https://webronza.asahi.com/culture/articles/2017090400008.html（最終閲覧：2024年3月12日）

*108 「「2枚の絵が連続していたら、それはアニメです」こむぎこ2000」ZONe Reverse Creative ～探れ、深く～ https://note.com/reverse_creative/n/n71a6243c6f86（最終閲覧：2024年3月12日）

曲」とかの指定に合わせて曲を作るんですけど、宇木さんはまず映像を送ってきて、自分はそれを観ながら音をあてる、海外の劇伴制作に近いやり方なんですよ。しかも「このシーンのココからココに合わせて何か作ってください」みたいな感じなので、自分は何が正しいのかわからないままとりあえず作ってみて、それが宇木さんのイメージに合わないと「違います」と戻ってくるので、また作り直して」[*109]と語っている。こうした共作のプロセス自体は新海誠とRADWIMPSの関係にも見られるものだが、本作でのコラボレーション後、ryo作曲の楽曲も収録された、『プロセカ』の前身となるセガのリズムアクションゲーム『初音ミク -Project DIVA-』シリーズの主題歌CD[*110]に宇木が三度にわたり初音ミクのイラストを描き下ろしていることを鑑みると、両者の関係に「ポスト・ボカロ」の象徴性を読み取りたくもなる。

『センコロール』の最大の特徴は、アクション作画のスピード感だ。「ガール・ミーツ・ボーイ」を導入とし、クライマックスでは未知の生物による都市空間を破壊しながらの大決戦がryoによる軽快なダンスビートに乗せて描かれる。もともとは漫画を描いていたという宇木は、「モノクロでザクザク描いていけるんで、形になるのはやっぱり、アニメよりマンガの方が圧倒的に早い」「マンガならザ

*109 「『センコロール コネクト』特集 宇木敦哉×ryo (supercell) 対談」コミックナタリー https://natalie.mu/comic/pp/cencoroll（最終閲覧：2024年3月12日）

*110 ryo/kz『こっち向いてBaby/yellow』、ryo/Dixie Flatline『積乱雲グラフィティ/Fallin' Fallin' Fallin'』、ryo/じん『ODDS&ENDS/Sky of Beginning』の三枚。

クザクっと飛ばして描いて伝わるところでも、アニメでは細かく描写しないと、意味が通じなかったりする」「思い描いているイメージみたいなものをいくつか、イラストに描いて、それを繋げていくような感じで作って〔…〕何枚か貯まったタイミングで、マンガで言うネームのような形にまとめて、そこからコンテを描いていく」[*111]と語るなど、工程においてもスピード感を重視している。建造物の破壊が起こった際の、時間が一瞬静止したような、キメの一枚絵の構図によって緩急をつけるところなどには、まさに「アニメーションとイラストレーションが境界なく地続きなアイデンティティ」を感じさせる。

2019年に発表された続編『センコロール2』（前作と合わせて『センコロールコネクト』として劇場公開）には、アニプレックスの子会社であるアニメーション制作会社・CloverWorksが参加している。原画もすべてを宇木が手がけていた前作から体制が変わって、テレビアニメの現場で活躍する高橋裕一の力を借りる形となっている。にもかかわらず「動くイラストレーション」的な美学は健在であり、そこには何かしら工夫があったのだろうと窺わせる。

宇木が前作との大きな違いとして挙げるのが、「プレスコ（Pre-Scoring）」

*111 『センコロール コネクト』Blu-rayパッケージ付属のブックレットより。

*112 『センコロール コネクト』公式サイトに掲載のインタビュー（初出：『CONTINUE vol.60』）https://www.cencoroll.com/special/interview/（最終閲覧：2024年3月12日）より。なおPremireと、新海誠が活用するAfter Effectsはともに Adobe製の映像編集用ソフトだが、細かな機能の違いがある。Adobeの公式サイトには両者の使い分け方について、「Premiere Proがすでに撮影した映像のカット、アレンジ、色の補強などに使われるのに対し、

という手法を活用した点である。これはいわゆる「アフレコ(After-Recording)」と対になる言葉で、台本のみの状態で声優に先に演技を行ってもらった後に作画作業に入っていくというアニメーションの制作工程のことである。「声を元に(Adobe) Premiere 上で編集をしながら会話の間を詰めたり伸ばしたり[*112]」したとは宇木の談だが、これが集団制作になっても作風をキープすることにつながったのではないか。生身の演者が生み出す間合いやリズムは、CeVIO AI のようなAI技術を搭載した合成音声ソフトウェアを使ったとしても、現状では完全に再現することが難しい。宇木はプレスコを活用することで間合いやリズムなどを情報として取り込み、ソフトウェア上で編集可能なパラメータとして扱えるようにしたのだ。必ずしも自分と同じレベルでソフトウェアを運用できない作業者との協働のために、肉声の素材

『センコロール 2』ティザービジュアル

After Effectsは高品質のモーショングラフィックやビジュアルエフェクトを動画に加えるツールとして業界標準のソフトとなっています」と記載されており、また「Premiere Proを使って作品のラフカットを編集し、After Effectsで視覚効果を加えて、それをPremiere Proのプロジェクトパネルを使ってタイムラインにインポートすることができます」と、併用例についても紹介されている。https://www.adobe.com/jp/creativecloud/video/premiere-pro-vs-after-effects.html（最終閲覧：２０２４年3月12日）

＊113　新海は次のように

は情報量の多い「共通言語」になったはずである。

この点に関しては、タイムライン上に並べ直した絵コンテとも言える「ビデオコンテ」に自らの声を吹き込み、それをもとに声優に演技してもらうという新海誠の方法論とは対照的だと言えるだろう（自主制作時代から踏襲されているこの手法を、新海は演者にとって自由度の低いものだと認めている）[*113]。作品の公開規模も違うし、実際『センコロール』の場合は続編発表までの間に十年という月日がかかっているから最適解とは言えないかもしれないが、「自主制作発」のひとつの可能性として検討されるべき事例である。

「ポスト・ボカロ」の世界観が浸透しつつあるとはいえ、フルッサーの区分でいうところの「道具」の時代や「機械」の時代の感覚でソフトウェアに接している人も多いだろう。共同制作とは、共通言語を作るということである。もちろん、「セカイ系的主体」の実在感覚を共有するクリエイター同士がタッグを組むことでエッジーな作品が生み出されるということもある（ユースカルチャーとしてのボーカロイドカルチャーに勢いがあるのは、まさにそれが理由である）。しかしより大きなうねりを生み出すためには「わかる人にはわかる」から一歩踏み出さ

語っている。「役者さんにとって、アニメーションは不自由なメディアだと思うんですよね。セリフ一つとっても、実写であれば役者さんによって喋るスピードや間の取り方は違って、自分の感覚でお芝居ができます。だけどアニメの場合は、各キャラクターのセリフを監督や演出家が全部組み立ててしまいます。画に合わせて「このセリフを何秒、何コマで喋る」と、すべてのテンポが厳密に決まってしまっている。それをさらに極端にしているのが僕の作り方で、最初に僕自身がすべてのセリフを当ててしまっているので、役者さんにはある種、それをなぞるよ

なければいけない局面も来るのであって、そのためには「セカイ系的主体」の実在感覚を持たない人に対しても「翻訳」のできる人間の存在がことさら重要になってくるだろう。本章の議論が、実際に手を動かす人という意味での「クリエイター」だけでなく、クリエイター同士のコミュニケーションを円滑にする「翻訳者」を増やすことにもつながれば良いと思う。

うに演じてもらわなきゃいけないんです」、以下の記事を参照。「〝アニメーションでつくること〟は大前提」新海誠がアニメーション映画をつくり続ける理由」アニメ！アニメ！ https://animeanime.jp/article/2023/10/12/80528.html（最終閲覧：2024年3月12日）

6章

浮遊する「天使」のサンプリング

Towards You,
Weaving
"The End of the World"

Chapter Six

TikTok と「シミュラークル」発生のメカニズム

おそらく本章は本書の中で最も錯綜した話題を扱う。TikTok のようなショート動画投稿プラットフォームで〈セカイ系〉的な表現はありうるのか、というのがその大きなテーマだ。直感的に両者は相性が悪いと思うだろう。だからこそ多岐にわたる事例のコラージュが必要になる。

2007年に初代 iPhone が発売されてから、十五年あまりが経過した。スマートフォンは個人用デジタル端末のファーストチョイスとして、広く社会に行き渡っている。もはやフォン（電話）の範疇には収まらず、「画面に触って操作することができ、インターネットにも接続できる小型のコンピュータ」と言ったほうが正確だろう。

実際スマートフォンでは、かつてはPCがなければできなかったことの大半ができる。写真を撮ったり、動画を撮ったり、絵を描いたり、音楽を作ることも、アニメーションを作ることすらもできるだろう。しかし、同時期に普及し始めたソーシャルメディアと実質的に不可分なことが、「作る」ための機器としてのスマートフォンというイメージを持つことを難しくしている。一度ソーシャルメディアに投稿したら最後、どれだけの注目を集めたか、まったく気にせずにいることは難しいし、その巧拙以上に今やインプレッションの多寡が、「クリエイター」と呼ばれ持て囃されるか否かの基準となっている。

この流れを加速させたのが、TikTokのような「作る」と「流通」を一体化させたプラットフォームの登場である。TikTokは顔面を簡単に「盛る」ことのできるエフェクトなど、加工ツールをアプリケーションの機能として備えている。従来であれば専用のツールを用いなければならなかった「加工」の工程を「撮影↓投稿」の流れの中に組み込むことで、本来の「作る人」という意味から「注目を集める人」へと「クリエイター」の意味合いをシフトさせたのだ。*114

さらにTikTokで流行する動画は、初出がもはやどこだかわからないことが多い。元となった動画を真似して、自分なりのアレンジを加えて加工して……という形で動画が増殖していくのである。マーケティング研究者の天野彬は「シミュラークル」という概念を用いてこの現象を考察する。消費社会について考察した哲学者、ボードリヤールの用語に由来するこの概念を、天野は「オリジナルがどこにあるのか分からないけれども、コピーのようなものが広まり、それが逆に本

*114 Adobeは2022年のレポート「Future of creativity」の中で、「創造的な活動（写真撮影、クリエイティブライティング、オリジナルソーシャルメディアコンテンツ制作など）に従事し、ソーシャルメディアにおけるプレゼンスを高める目的で、これらの活動から生まれた作品を少なくとも毎月オンラインで投稿、共有、または宣伝している人」と「クリエイター」を定義した。https://www.adobe.com/jp/news-room/news/202208/20220826_adobe-future-of-creativity.html（最終閲覧：2024年3月12日）

物性を帯びる」と説明しており、その核心は「脱中心性」にあると語っている。[*115] TikTok上でユーザーは投稿の内容（オリジナリティ）を重要視しない。手足や口の動きといった「言葉にできないが真似しやすい」要素があるかが重要なのだ。

そしてその「言葉にできないが真似しやすい要素」には、エフェクトも含まれる。特定のエフェクトが人気となりシミュラークル的に増幅していくとき、歌い踊る主体やオリジナルの楽曲よりも「エフェクトが本体」になっていく。この形容自体は新海誠作品の光の表現や、「インスタ映え」するフィルターに関しても適用できるものだろう。TikTokが秀逸なのは、それに加えて「動き（時間性）」という、最も感情に直結しやすいパラメータを扱えるようにしたことにある。エフェクトで撮影した写真を「盛った」り、踊ることが楽しいから真似し、それが拡散されるとまた楽しい。そうした楽しさのループが、TikTokに常駐する動機づけとなるのである。[*116]

「エモい」とは何か

かつて『恋空』などのケータイ小説を書籍化しヒットさせた出版社・スターツ出版が手がける文庫レーベル・スターツ出版文庫の作品が、TikTok動画をきっ

＊115　「TikTokの「ミーム」がこれほど早く広まり、影響を持つ理由」PIVOT https://pivotmedia.co.jp/article/6027（最終閲覧：２０２４年３月12日）

＊116　映画史研究者・批評家の渡邉大輔は、近年の映画制作におけるドローン撮影の導入や、撮影後のデジタル編集工程の重要性が増したことによる、いわゆるカメラアイ（実空間に置かれたカメラは人間の認知の限界に左右されず、世界を「ありのまま」見通すことができるという理念）の消滅や、ミーム的なYouTube動画やTikTok動画の氾濫といった状況の分析を通して、カ

かけにヒットを重ねているという。同レーベルの公式TikTokアカウント[*117]に並んだ動画のサムネイルの並びを見ると、ある共通点に気づく。動画で紹介されている文庫本の表紙に、どことなく「新海誠作品（のキービジュアル）っぽさ」を感じるのである。具体的には、青ないしは橙色を基調とした（明け方もしくは夕暮れの）ぼんやりとハレーションのかかった空の下で、制服を着た男女（女性だけの場合もある）が立っているような構図だ。

TikTok日本法人の取材によると、スターツ出版は２０１６年７月刊行の既刊『あの花が咲く丘で、君とまた出会えたら。』が２０２０年に動画投稿者「けんご」の投稿をきっかけにリバイバルヒットしたのを受け、自社でもTikTokアカウントの運用を開始したという。[*118]さらに、２０２１年には再び「けんご」の投稿をきっかけに、２０１７年８月刊行の（やはり既刊である）『交換ウソ日記』がヒットしている。[*119]

こうした現象を受けて行われた『日経エンタテインメント！』の取材でスターツ出版の社員が語ったところによると、[*120]動画投稿の際にはTikTokの運用を担当する若手社員（２０２１年の取材時点で入社三年目）が実際に作品を読んで、そ

ント＝近代以来の「美しさ」を基準とする映像作品の価値づけが無効化し、「楽しさ」の映像美学とでも言うべき新しい判断基準が必要とされる局面に入ったと指摘している。そこでは「美しさ／単独性／オリジナリティ／崇高さ」が重視される「モダンの美学」に、「楽しさ／反復性／リメイク／共感可能性」が重視される「ポストモダンの美学（ポストシネマ）」が対置させられる。『新映画論——ポストシネマ』（ゲンロン、２０２２年）、p.140-162を参照のこと。

＊117　https://www.tiktok.com/@stabunko（最終閲覧：２０２４年３月12日）

の世界観にマッチする楽曲を選んでいるという。TikTokはJASRACとパートナーシップを締結しているため、JASRACで著作権を管理している楽曲であれば制限なく動画と組み合わせて投稿することができるのだ。*121 楽曲の傾向は一概にこれと言えるものではないが、筆者がざっと見たかぎりではRADWIMPSの流れを汲む男性ボーカルのバンド、「ポスト・ボカロ」の流れを汲む覆面で活動するユニット、そして当のTikTokで知名度を上げた若手の女性シンガーソングライターに大別されるようだ。サウンド的にはエレクトロニックなものよりも、ピアノやアコースティックギターのシンプルな伴奏でまとめ上げられたものが多い。

ライターの飯田一史によれば、TikTokのユーザー層と重なる中学生・高校生にヒットする小説にはいくつかの「型」があり、そのひとつに「余命もの（死亡確定ロマンス）」と「死者との交流・再会」がある。*122 スターツ出版文庫作品のタイトルを眺めてみると、『一瞬を生きる君を、僕は永遠に忘れない。』、『きみが明日、この世界から消える前に』、『記憶喪失の君と、君だけを忘れてしまった僕。』、『あの夏、夢の終わりで恋をした。』、『余命一年の君が僕に残してくれたもの』と、この「型」にちょうど当てはまるものが並ぶ。男女の主人公が入れ替わり、過去の彗星災害を食い止める『君の名は。』も「死亡確定ロマンス」「死者との交流・

*118 「3ヶ月で7・5万部増刷！なぜ4年前に発売された小説がTikTokきっかけで爆発的に売れたのか〈スターツ出版さんインタビュー〉」TikTok Japan【公式】ティックトック https://note.com/tiktok/n/ne56c59b26c94（最終閲覧：2024年3月12日）

*119 「発売から3年後の小説が2・5万部増刷！奇跡のメガヒットを支えたのは大学4年生のTikTokクリエイターだった！〈櫻いいよ先生×スターツ出版さん×けんごさんインタビュー〉」TikTok Japan【公式】ティックトック https://note.com/tiktok/n/n66f524a6e3cb

再会」に当てはまると言えそうだが、こうした「型」自体はサナトリウム文学の例を引くまでもなく昔からあるもので、『君の名は。』の影響でそれと似たような作品が量産されたとまでは言い切れない（むしろ『君の名は。』がそうした「型」をうまく利用してヒットしたと言ったほうがいいだろう）。

ただ、TikTok のメカニズムを嚙ませることで、『君の名は。』という作品を「型」・エフェクト・音楽といった要素に分解できることが改めて発見されたのは重要である。*123 その組み合わせのバリエーションにより生み出されるシミュラークルたちは、過去に新海作品＝〈セカイ系〉に触れたことのないTikTok ユーザーにさえも、集合的記憶を介してその鑑賞経験と似たような感覚を喚起しているように思われるのだ。

「新海誠作品っぽい」表紙の小説、あるいはそれに類似したエフェクトと音楽の組み合わせによってTikTok 上で流通するのは、シミュラークルとしての「切なさ」である。それを言い表す言葉が「エモい」なのかもしれない。「切ない」と「エモい」の指す感覚はほぼ同じと言えるが、後者はより感覚を「シェアする」ことに重きが置かれている。実際、２０１６年に三省堂が主催する「今年の新

（最終閲覧：２０２４年3月12日）

＊120 「TikTokで既刊がヒット スターツ出版、投稿法に秘密」日本経済新聞 https://www.nikkei.com/article/DGXZQOUC133ME0T11C21A2000000/（最終閲覧：２０２４年３月12日）

＊121 「TikTokの投稿動画は著作権侵害の可能性アリ？ 弁護士に注意点を聞いた」リアルサウンド テック https://realsound.jp/tech/2018/11/post-280470.html（最終閲覧：２０２４年３月12日）

＊122 飯田一史『「若者の読書離れ」というウソ――中高生はどのくら

語」の第二位に選ばれており、[*124] 現在人口に膾炙したその言葉は、確実にソーシャルメディア以降に定着したものだ。

ソーシャルメディアの中で「シェアするための切なさ」が「エモさ」であると仮定するならば、積極的につながりを切断し、孤独の中で味わう感覚として「切なさ」を再定義することもできるはずだ。そうした意味での「切なさ」を、現在ユース世代に最も大きな影響力を持つソーシャルメディアと言える、TikTok上に見出すことは可能だろうか。

浮遊するセルフイメージ

そこで浮上してくるのが身体の問題である。言うまでもなく、自分の身体はこの世にたったひとつしかないものである。なぜTikTokに自撮りが溢れるのかと言えば、本質的にシミュラークルを増殖させていくこの場所において、固有なものとして自分の身体を再発見しようとする運動が自ずと生じるからだろう。

しかし「TikTok」は「撮影する」工程と「加工する」工程が一体となっており、加工された映像・画像が「自分（の像）」としてメディア欄に並ぶ「アカウント」

い、どんな本を読んでいるのか』（平凡社新書、2023年）、p.108

*123 以下の記事ではここで言う「新海誠作品っぽい」表紙の小説群に関して、文庫本というフォーマットがスマートフォンの画面と同じ「縦型」であるがゆえに、その表紙イラストと音楽の組み合わせがTikTok上で「新海誠っぽさ」を流通させやすいのではないか、という仮説が示されている。「『田舎／夏／恋人消える物語』なぜTikTokでバズる？ SNS時代に特化した『ブルーライト文芸』のキャラ」東洋経済オンライン https://toyokeizai.net/articles/-/737593（最終

と、スマートフォンから視線を外して見た「現実の鏡に映る自分」とがコンフリクトを起こしてしまう。イメージとしての自分の身体は拠り所を失い、浮遊するのである。

浮遊するセルフイメージ。それを受け止めるモチーフとして見出されるのが天使である。〈セカイ系〉にも通ずる「半透明」の空気感を纏いつつ、天使をモチーフとした音楽やファッションがTikTok上で存在感を発揮しているのだ。

シンガーのnyamuraによる楽曲「you are my curse」は、イラストレーター・てぐれによる天使をモチーフとしたアートワークとともに２０２３年６月３日にリリースされ、TikTokユーザーの投稿にＢＧＭとして利用されることでヒットした。nyamuraは２０２０年９月に音楽活動を始めたというから（当時は高校生だったとのこと）、まさしくポスト・コロナの音楽シーンに現れた新鋭である。同楽曲は２０２３年、Billboard JAPANのTikTok Weekly Top 20にランクインし、四週連続で一位を記録した。

文筆家のつやちゃんによると同楽曲は、「TikTok上ではサンリオのキャラク

閲覧：２０２４年3月12日）

＊124 三省堂 辞書を編む人が選ぶ「今年の新語２０１６」選考結果 https://dictionary.sanseido-publ.co.jp/topic/shingo2016/2016Best10.html（最終閲覧：２０２４年3月12日）

nyamura「you are my curse」アートワーク

ターとともに映る自撮りや、動画編集アプリ「Cap Cut」のテンプレートを用いたスライドショーにBGMとして多く使われて」おり、〈何度も殺した／忘れないであたしとのメモリ／嘘でもいいからなんて嘘だった／ひび割れてたの最初から／期待しないよもう痛い痛いよ〉というフレーズを歌った部分が切り取られ「エフェクトをかけた自撮りとともに拡散されている」のだという。[*125] サウンド的には浮遊感のあるループミュージックであり、その上に乗る歌唱にはヒップホップ的なライミングの気持ちよさも感じられる。同楽曲のリリースを報じた記事でも「ネットラップの系譜を継ぎつつ、DEMONIAやdesktop、TOKIO SHAMANなどユースヒップホップイベントに参加するシンガー」と紹介されている一方、[*126] 本人は自身の音楽遍歴について『ROCKIN'ON JAPAN』2023年12月号のインタビューにて「圧倒的にアニソンが多いです。2000年代初期から2010年代初期くらいまでのアニメと、その曲がいちば

＊125　つやちゃん「〝天使のようでいて、リアル〟令和の若者が共感し陶酔するnyamura、新たなポップカルチャーとしての魅力」THE MAGAZINE https://magazine.tunecore.co.jp/inspirations/317858/（最終閲覧：2024年3月12日）

＊126　「食べて慈しんで飲み込んだ――nyamuraが2ndシングル「you are my curse」リリース」AVYSS magazine https://avyss-magazine.com/2023/06/03/43978/（最終閲覧：2024年3月12日）

＊127　以下、nyamuraの発言はすべて同インタビューからの引用。

ん好き。あとはボカロかな」と語っている。[*127]

nyamuraのようなルーツを持つ人物がなぜヒップホップカルチャーから頭角を現すのかの理由としては、現代のヒップホップカルチャーに「タイプビート」という文化があることが挙げられる。これは「○○（特定のラッパー）っぽいビート（インスト音源）」を意味する言葉で、ラッパーやシンガーはビートの制作者（トラックメイカー[*128]）からウェブ上でライセンス（使用権）を購入することで、歌を乗せて自身の名義でリリースすることができるというものである。[*129] nyamuraも当初はこの方法で活動していた（が、現在はトラックメイカーと直接連絡を取り合ってオリジナルの音源を制作している）。トラックメイカーにとっても収入になるし、楽曲がヒットすれば自身の名も売れるということでWin-Winなビジネスモデルとなっている。

カルチャー外の人間から見れば複数の意味で「借り物」にすぎないようにも見える楽曲を、なぜラッパーの名前を前面に出してリリースすることが許容されるのかと言えば、ヒップホップカルチャーにおいてはリリックの内容こそに、そしてそこにいかにラッパー本人の「リアル」が反映されているかに評価の重心が置

＊128 「トラックメイカー（Trackmaker）」は日本特有の呼称であり、英語圏では同じ職能を持つ人物のことを指して「ビートメイカー（Beat maker）」ないしは「プロデューサー（Producer）」と呼ぶことが多い。なお、「プロデューサー」に関しては日本と海外でその意味合いに顕著な違いが見られ、日本ではレコード会社に所属するプロジェクトマネージャー的な動きをする人物を指すことも多いが、海外ではもっぱら自ら手を動かして、コンピュータを用いた作編曲を行う人物のことを指す。以下の記事も参照のこと。「「ビートメイカー」

かれるからである。

つやちゃんはnyamura自身が「you are my curse」の前日譚に当たる楽曲と語っている「はーどもーどかのじょ」の、〈殺したいほどだいすき〉〈死ぬ時もずっと一緒だよ／2人だけの世界作るから〉というリリックから、「you are my curse」の〈何度も殺した〉というリリックへの変化を引きつつ、「リアルにおける特定の個人との関係とバーチャルにおける観衆との関係性の間に挟まれながら、何とか自分自身を保ち辛うじて生をつなぐ界隈の人にとって、この曲の狂気は共感と陶酔を呼ぶのだろう」と分析している。[*130]

しかしnyamura本人はインタビューで「正直なところ、歌詞に深い意味はないんです。でも、私の歌詞ってすごく考察されやすい。『魔法少女まどか☆マギカ』[*131]の暁美ほむらっていうキャラクターが大好きなんですけど、〝you are my curse〟では、自分の心情だけではなく、暁美ほむらの鹿目まどかに対する心情もいくつか書いてるんです」と述べており、自身の実生活という意味での「リアル」を必ずしも反映しているわけではない。

を目指すビギナーにオススメしたいSONICWIREの無料サンプルパック-」SONICWIRE BLOG https://sonicwire.com/news/blog/2021/02/beatmaker-sample-pack（最終閲覧：2024年3月12日）

＊129 タイプビートについての詳細な解説は以下の記事を参照のこと。「Type Beat（タイプビート）を使用した楽曲をリリースする際の注意点」THE MAGAZINE https://magazine.tunecore.co.jp/skills/125861/（最終閲覧：2024年3月12日）

＊130 つやちゃん、前掲記事

＊131 2011年にテレ

ファッションという回路

というより、アニメのキャラクターに自己を重ねるようなあり方こそが今や「リアル」なのだ。「ポスト・ボカロ」の感覚が浸透した結果、アニメのキャラクターは「萌える」という言葉に象徴されるアディクトの対象では必ずしもなく、自分自身の実存を受け止めてくれる対象として捉えられている。

この感覚は、最も身体性と関わるカルチャー領域と言えるファッションの領域にも浸透している。2023年、TikTokやInstagramで注目を集めたファッションジャンルに「天使界隈」というものがある。「ラジトピ ラジオ関西トピックス」の取材記事[*132]によると「中性的なファッションを好む10代~20代の男女にいま人気のファッションジャンル」で、「水色や淡い色のジャージ素材のパーカーをアイコンアイテムとし〝儚い雰囲気〟を表現しているのが特徴」だという。同記事内にコメントを寄せているファッションブランド・ililil のスタッフによれば、もともと「水色界隈」という名称がアイドルグループ「ゆるめるモ!」に所属していた頃のタレント「あの」のスタイル——「青や水色を基調とし、ボリュームネックや白パーカーを着ていることが多いです。また、ヘッドドレスを付けることもあります」とのこと——を模倣する形で先行しており、それに対し

ビシリーズが放送されたアニメ作品。その後、前後編の総集編劇場版を挟んで2013年に完全新作の続編『劇場版 魔法少女まどか☆マギカ［新編］叛逆の物語』が公開された。超常の力を持つ「魔法少女」の運命を描く本作のストーリーには、ノベルゲームのシナリオライターとして活躍していた虚淵玄によって「ループもの」の構造が組み込まれている。テレビシリーズでは、暁美《あけみ》ほむらが死の運命にある鹿目《かなめ》まどかを救うために時間遡行の能力を使って何度も世界を繰り返していたという事実が終盤で明かされ、ループの結果蓄積された「因果の力」

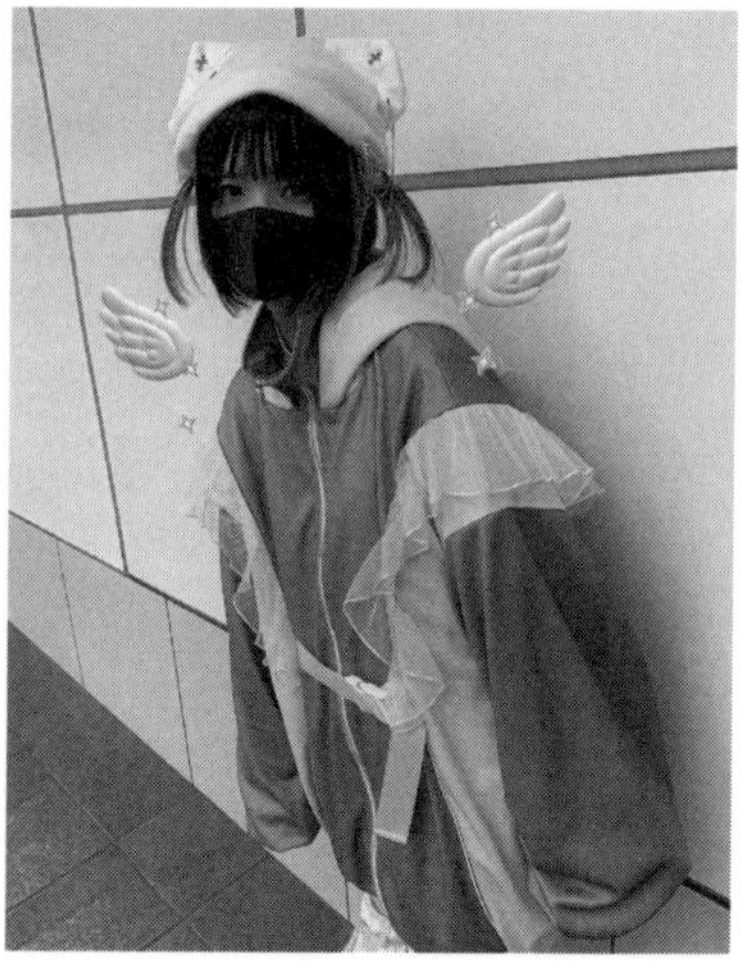

ilililｘぬた。による「天使界隈」スタイルの例（ぬた。のInstagramより）

てより「透明感」を強調したジャンルとして、ilililが「天使界隈」を提唱したのだという。実際にどのようなスタイルなのかは、同ブランドのモデルも務めているインフルエンサー「ぬた。」のInstagram[*133]やYouTube[*134]を見てみるのがわかりやすいだろう。[*135]

ファッションブランド・chlomaのデザイナーである鈴木淳哉は、客観的に見て自身のクリエイティブも何割か影響を与えているのではないかと分析しつつ、「天使界隈」的なものが出現した背景として「インスタの画像加工でスタイルを明示するのが比較的容易だったりゲームやPCが女性により身近な存在になったり」「リアルでのファッションスタイルの流行を受けてイラストレーションの世界でも今でいう天使界隈スタイルの輸入とアレンジがなされ、それがさらにリア

を利用して鹿目まどかが「神」となり、彼女たちが戦いに身を投じ続ける理由となっていた「魔女」をすべて消し去るという結末が描かれた。続編では「神」となったことで現世から消えてしまった鹿目まどかに再会するために、暁美ほむらがルールの再書き換えを行う「悪魔」へ身をやつすという展開が描かれている。2024年冬、さらなる続編『劇場版 魔法少女まどか☆マギカ〈ワルプルギスの廻天〉』が公開予定。

＊132 「Z世代に人気の水色界隈／天使界隈って？ ブランド担当者↓「推し活・Y3Kから派生した新ファッション」ラ

ルでのスタイルに影響を与えていたりというのも観測してきている」と語っている。*136 ちなみに鈴木は、自身が影響を受けたアニメカルチャーの美意識と、現実のファッションの美意識の間にある垣根を取り払うためにchloma の活動を始めたといい、VR空間におけるアバターの衣服と同じデザインの衣服を現実でも購入できるようにするなどの興味深い取り組みも行っている。*137

nyamuraと共作を行うlazydoll（3rdシングル「冬がすぎたら」のトラックメイクを担当）、BHS svve（自身の楽曲「oxygen」でnyamuraとlazydollをフィーチャリングゲストに招いている）といったミュージシャンも、それぞれtrash angelsというコレクティブに所属していたり、*138 名前の由来が「BHS＝Black Hair Seraphim（黒髪の熾天使）」だったりと、*139 天使のモチーフを活動の中心に据えている。彼女ら／彼らは音楽配信プラットフォーム・SoundCloudを中心に形成されたインディペンデントな音楽シーンに足場を置く、本書の執筆時点で二十歳前後のプレイヤーで、同世代・同時代的な感覚としても「天使」の存在感が大きいことは間違いなさそうだ。

しかし、そんな中にあってなおnyamuraのラディカルさは際立つものである。

ジトピ ラジオ関西トピックス https://jocr.jp/raditopi/2023/04/20/497525/（最終閲覧：2024年3月12日）

＊133 https://www.instagram.com/nu_ta__dayo/（最終閲覧：2024年3月12日）

＊134 https://www.youtube.com/@nutanosekai（最終閲覧：2024年3月12日）

＊135 「ぬた。」のInstagramのストーリーズハイライトには、天使界隈という言葉を作ったのは彼女なのかという質問に答える形で「正確に言うと、／よく私がお洋服のコラボだったり着用モデルをさせて頂いてる／〝⁝⁝⁝〟さんというブ

それは「ソーシャルメディアのアイコンに、意識的に画像を設定していない」というスタンスに表れている。この理由についてnyamuraは以下のように述べる。

「昔は、二次元も三次元もどちらも使ってころころ変えていたんですけど、二次元は界隈のイメージがつくし、三次元だとアーティストっぽいイメージになっちゃう。私はどちらの文化も好きだからうまくいいところだけ取り入れたいと考えているので、アイコンもヘッダーも何も情報はいらないし、曲だけで判断してほしいって思うんですよ」

本書を執筆している2024年3月現在、nyamuraのTikTokアカウント[*140]には自撮りと思しき映像も上がっているのだが、多くのTikTokユーザーと同じようにエフェクトがかけられ、実際の顔貌とは異なるのではないか、という印象を与えるものとなっている。彼女は以下のように語る。「今インターネットにいる女の子たちって醜形恐怖症というか、自分の顔がすごく嫌だという人が多いんですよ。インターネットの中の可愛すぎる女の子を見すぎているから。この子、MVで無加工でもこんなに可愛いんだ……みたいなことを思ってしまうし、そうやって嫉妬を超えて病んでしまう子が多い」。その上で自分も同じようなことを思う

ランドのスタッフさんと／この系統にも名前を付けたい！／という話の流れから／スタッフさんの間では天使と呼んでいてくれたみたいで／そこで『天使界隈』が生まれ、／この天使界隈を流行らしていこう！／となって、ハッシュタグ等作って今に至る感じです／〝私が作った〟というよりは、／〝この言葉が生まれたとこに立障った〟／の方が正しいです」（原文ママ、／は改行）と綴られている。https://www.instagram.com/stories/highlights/18026048629489022/（最終閲覧：2024年3月12日）

＊136　以下のまとめ（筆

し、アイコンを設定しないのも、精神的に病んでしまう前の「自衛」なのだと。

nyamuraは自身が天使を愛好する理由について「何もしなくても人が集まってくるという形骸化したところが好きなんです」と語っている。透明でありたい、できれば空虚な何かとして漂っていたい。彼女もまた天使になりたいと願う人間のひとりなのだ。フィクションと攪拌されたリアルの中で、しかしその狭間を漂う存在には決してなれないというところに、現代的な「切なさ」が生じている。

「天使」を素材に変換する

nyamuraの楽曲とそこに込められた天使のイメージは、スマートフォン上で浮遊するアイデンティティが「病み」に振り切れてしまう一歩手前にとどまるための回路として機能していた。だからこそ多くのリスナーが自分自身を投影する受け皿ともなったわけだが、同時代の表現でありながら、天使のイメージをポジティブなニュアンスで作品やパフォーマンスに取り入れる事例も存在する。

この文脈で取り上げたいのがユース世代に絶大な人気を誇るラッパー、Tohjiだ。1996年生まれ、本人曰く郊外の「文化も歴史もない」場所に育った彼は、

者作成）を参照。「新ファッション「天使界隈」に関する〝chlomaデザイナー・鈴木淳哉による考察」Togetter https://togetter.com/li/2303763（最終閲覧：2024年3月12日）

＊137 以下の記事を参照。【連載インタビュー】chlomaデザイナー・鈴木淳哉が語る「デジタルファッション」の現在地」Fashion Tech News https://fashiontechnews.zozo.com/series/series_digital_fashion/chloma_junya_suzuki（最終閲覧：2024年3月12日）

＊138 trash angelsに関しては、以下の文献に収録のメンバーインタビュー

「自分なりの文化」を作るために、とある天使にゆかりの深いミュージシャンを参照している。以下は2022年リリースのアルバム『t-mix』について、本人へのインタビューを交えて執筆された海外メディアの記事の記述である（訳は筆者による）。

「自分が育った街には、文化も歴史もない」と彼は語る。「たくさん並んだ同じような見た目の家、そしてショッピングモールがあるだけだ」。『t-mix』で、Tohjiはこの郊外の鬱屈を90年代のユーロトランスとJ-POPの強烈な爆音に変換する。ショッピングモールを高速で行き来する車の窓から、最大音量で鳴り響くのだ。「自分なりの文化を作る必要があると感じた」。本作は、ゲームセンターで流れているような音楽へのオマージュであり、世紀末のレイヴカルチャーへのオマージュでもある。J-POPレーベル・avexやポップアイドル・浜崎あゆみのユーロビートリミックスアルバム『ayu-mi-x』が、日本の田舎で反抗期を送る子供にインスピレーションを与えたのだ。「浜崎あゆみのグッズは、高速道路を走る巨大なサウンドシステムを搭載した自動車に置かれていることもある。それは大いなる文化なんだ」[*141]。

を参照のこと。『ユリイカ 2022年4月号 特集＝hyperpop』（青土社、2022年）

*139 「黒髪の熾天使｜BHS Sweが2ndアルバム『MMO』をリリース」AVYSS magazine https://avyss-magazine.com/2022/12/09/40162/（最終閲覧：2024年3月12日）

*140 https://www.tiktok.com/@nyamura_（最終閲覧：2024年3月8日）

*141 「Tokyo rapper Tohji: 'I don't pretend to be mysterious – it's just me'」Dazed https://www.dazeddigital.com/music/article/56172/1/tohji-i-dont-pretendto-be-mysterious-interview-t-mix-bladee（最終閲覧：2024年3月12日）

そう、浜崎あゆみである。特にデビューから2002年頃（この年には二枚のフルアルバムをリリースし、セールス的にもキャリアハイを打ち立てている）までの期間において、その天使的なイメージは顕著だ。シングル「WHATEVER」（1999）、「Endless sorrow」（2001）のアートワークでは、そのものずばり天使の羽根を生やしているし、アルバム『LOVEppears』（1999）および同時発売のシングル「appears」の通称「白あゆ／黒あゆ」や、アルバム『RAINBOW』（2002）の青白い肌の姿など、当時のデジタルテクノロジーによって加工された人間／非人間の間を漂うようなメディアイメージも、広義には天使的なものとして見なすことができるだろう。

Tohji『t-mix』アートワーク

そしてTohjiの表現において天使のイメージは、彼が実際に身体をオーディエンスの前にさらすライブで顕現する。以下はTohjiが2023年に初出演した、フジロックフェスティバルでのライブの様子である。

彼は着ていたベールを脱ぎ捨て、一歩一歩僕らの元に降りてきた。誰かが「モーゼじゃん」と呟いたがまさにそうで、スタッフやカメラクルーとともに人ごみをかき分け、ステージに向かいながら歌う〝oh boy〟。掲げられる無数のスマホに、至近距離のTohji。なんて光景なんだ。
（中略）
天使のモチーフなども飛び交う映像も相まって、白い衣装に身を包んだ彼はなんと神々しく輝いて見えることだろうか。*142

Tohjiにインスピレーションを与えた浜崎あゆみの音楽性は主に二つある。ひとつは4章でも触れた、天上へ飛翔していくようなドライブ感が特徴的なダンスミュージック、トランスである。浜崎あゆみは『Cyber TRANCE presents ayu trance』というリミックスアルバムを2001年にリリースするなど、avexが当時最新のダンスミュージックとしてトランスを打ち出すのと軌を一にするように活動していた。

＊142　フジロック公式ファンサイト「fujirockers.org」が運営する「FUJIROCK EXPRESS '23」に掲載のレポートより。http://fujirockexpress.net/23/p_1624（最終閲覧：2024年3月12日）

そしてもうひとつはオルタナティブロックだ。そのエフェクターで激しく加工されたギターサウンドは、テクスチャ的で内面に深く作用する「渦」のサウンドと形容される。*143『ROCKIN'ON JAPAN』２００１年４月号のインタビューで浜崎は同ジャンルを代表するバンド、The Smashing Pumpkins のアルバム『メロンコリーそして終りのない悲しみ（原題：Mellon Collie and the Infinite Sadness）』を愛聴していることを明かしており、インタビュー直後にリリースされた「Endless sorrow」——邦訳すると「終りのない悲しみ」（！）——は、やはり歪んだギターサウンドをフィーチャーしていた。

注目すべきは、Tohji がこうした浜崎あゆみのサウンドを、常に音響機器を介して受容している点だ。「走るサウンドシステム」としての自動車もそうだし、「大きなウォーターパークに行くと、壊れたスピーカーからいつも彼女の音楽が流れてて。あとテーマパークに行って、女の子と一緒にジェットコースターに乗った時とか。ゲーセンに行ってプリクラを撮りに行ったときも彼女の音楽が流れてた」*144という発言もある。作り手が意図した通りの音ではなく、機械によってローファイに加工された音からインスピレーションを得ているのだ。

＊143　南田勝也『オルタナティブロックの社会学』（花伝社、２０１４年）

＊144　「Tohji｜新しいシーンへの扉」Chorareii https://chorareii.com/jp/Tohji-interview-a-gate-to-a-new-scene-jp/（最終閲覧：２０２４年３月12日）

Tohjiにとって天使とは、ネットワーク上を漂うアイデンティティの揺らぎを受け止めてくれる存在ではない。2000年代初頭、コンピュータとインターネットが普及し始めたばかりの、デジタルテクノロジーと人間が適切な距離を保つことができていた時代に接続するための象徴なのだ。その意匠をノスタルジックに反復するのではなく、加工して表現に取り入れるところに現代性がある。Tohjiは天使のイメージを加工し、自らそれを身に纏いステージ上に立つ。リスナーはその様子をスマートフォンで撮影し、ソーシャルメディア上で拡散する。自らが天使＝メディアになることで、Tohjiはスマートフォンの外部へとリスナーを誘っているのである。

「文脈」から「感覚」へ

『t-mix』のリリースを伝える当時の記事は、Tohjiのサウンドについて「アンビエントやトランスなど様々な音楽的要素をパレットのようにして醸成されたひとつの真っ青なムードは、懐かしくもありながら先鋭的でもある」[＊145]と表現している。Tohjiは自らトラックメイクも行うが、その姿勢は「俺はギターやピアノを弾くようなミュージシャンタイプではない。詩人として音を聴く。何かをサンプ

＊145　「Tohjiがミックステープシリーズ『t-mix』をリリース、今後も作品展開が続く予定」PRKS9 https://prks9.com/news/2495（最終閲覧：2024年3月12日）

リングして、それがいい音だったら、それでいいんです」というものだ。

このように音を感覚的に、絵具のように扱うことができるようになった背景には、視覚的に音楽を編集することのできるDAW（Digital Audio Workstation）の発達という要因がある。ミュージシャンの横川理彦によれば、DAWが普及した現代においては音楽を構成する基本要素として「リズム・メロディ・ハーモニー」という従来の三つに加え、「サウンド」の要素が重要となるという。*146 サウンドとは、横川曰く「個々の音源の組み合わせでできている音響全体のこと」であり、DAWで音楽を作るということは「時間の中に音を置いていくこと」である。「音は様々な周波数の集まり」であり、「音楽は周波数が時間の中でどのように分布しているのか、ということ」だと考えられる。DAWの波形編集機能を使えば、楽器の演奏ができずとも原理的にはどんな音楽でも作ることができるのである。「サウンドを周波数分布の観点から上手にデザインし、配置できるようになることが、DAWを使った音楽作りの目的なので

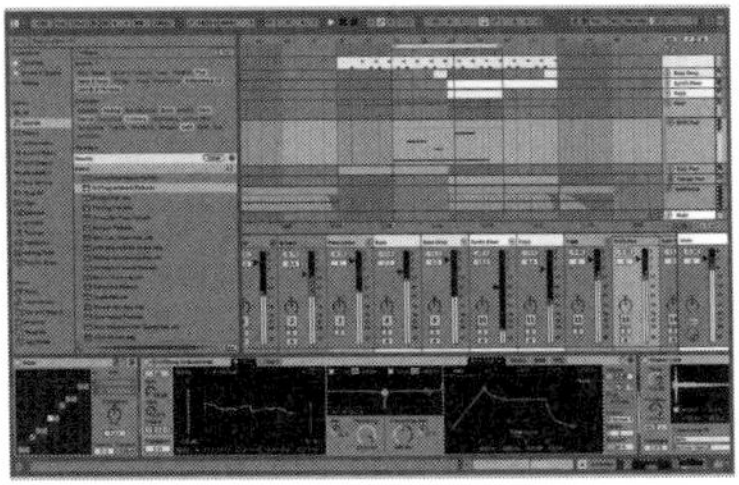

DAWの画面の例（Ableton Live 12）*147

*146 横川理彦『サウンドプロダクション入門——DAWの基礎と実践』（ビー・エヌ・エヌ、2021年）、p. 48

*147 画面右上の、色分けされた横長の領域（トラック）が縦に重なったインターフェースは、多くのDAWに共通するものだ（再生ボタンを押すと、タイムラインが左から右に流れていき、トラックに格納されたフレーズを演奏する）。なお、画面下部の曲線を描いている箇所が、波形編集機能のインターフェースである。

す」と、横川は語る。

また、Tohjiの発言にある「サンプリング」という言葉の意味合いの変遷も重要である。音楽におけるサンプリングとはもともと、レコードから特定の音やフレーズを抜き出してループさせる制作手法で、著作権的にグレーなこともあり、「なぜその音源をサンプリングしたか」というリスペクトの文脈を示すことも重要だった。かつてはいかに「元ネタ」を見つかりにくくするか、というのもトラックメイカーの腕の見せどころだったわけだが、現在ではYouTubeのコンテンツIDという仕組みを筆頭にオリジナルの音源を検出するテクノロジーが発達しており、無断で他楽曲からのサンプリングを行った楽曲を配信することは難しくなっている。こうした動向を受けて普及しているのが、サンプルパックという、あらかじめ楽器ごとのフレーズや一音一音の単位に分解された音源素材を購入できる商品である（初音ミクの開発元であるクリプトン社が運営する「SONICWIRE」は、国内の代表的なウェブストアだ）。グレーなサンプリングが完全になくなったわけではないが、総じてサンプリングとは、著作権的な問題を回避しつつ、純粋に「感覚的に音を組み合わせる」手法を指す用語になりつつあると言える。

その結果として起こっている事態を、「文脈」に対する「感覚」の優位として表現することができるかもしれない。2006年生まれのトラックメイカー・Telematic Visionsが2021年に自主リリースした『bluespring』は、1999年に発売されたKeyのノベルゲーム『Kanon』のサウンドトラックなどに感銘を受け「架空の（アニメやゲームの）サウンドトラック」というコンセプトで作り上げられたアルバムだ。Telematic Visionsは高校受験期、塾の帰りにブックオフによく通っており、そこは彼にとって過去に大量生産された「資本主義の残骸」が転がっている、言わば「アルゴリズムの外側」とでも言うべき場所だった。[*148] ブックオフでは、市場に出回っている冊数や学術的価値に応じて値づけが行われる従来の古書店とは異なり、単に商品の保存状態によって値づけされていることはよく知られている。自身の世代からは遠く離れた作品が、時系列や歴史的な文脈が解体された形で身近なものになっていったのだ。

Telematic Visionsは、ブックオフの棚に並んだアニメのDVDやコミックスから受け取ったインスピレーションを、DAWにあらかじめ内蔵された音源や、サンプルパックの音源を加工することによって作品に変える。[*149] 収集した感覚をま

＊148 「17歳高校生DJが語る「ブックオフ」再評価の必然 ーー0円棚は今や少ない「アルゴリズムの外側」だ」東洋経済オンライン https://toyokeizai.net/articles/-/606560（最終閲覧：2024年3月12日）

＊149 2022年時のインタビューでは、自身の制作環境について以下のように語っている。「音源はプリセットのものとフリーのプラグイン、それとドラムのサンプルパックを少し使っているぐらいです。ボーカロイドなども持っていないので、歌モノにはピッチベンドした自分の仮歌を使っています。サンプリ

Telematic Visions『bluespring』アートワーク

とめ上げるのは、同じ感覚を共有するイラストレーターのcosgaso[150]による、青空と2000年代恋愛アドベンチャーのヒロイン風のキャラクターイラストがあしらわれたアートワークである。本作の清涼感はコロナ禍で「普通の青春」を過ごせなかったことへのやるせなさが反転した形で表れたものであり[151]、反復するテクノのリズムが「ここではないどこか」への憧憬を加速させる。2020年代初頭＝ウィズコロナのユース世代の空気が〈セカイ系〉的なモチーフでまとめ上げられた、歴史に記録されるべき作品である。

重要なのは、こうした作品が必ずしもアンチ・テクノロジーの姿勢から生まれたわけではないということである。Telematic VisionsがKeyの楽曲に初めて出会ったのは、YouTubeの「おすすめ」アルゴリズムを介してだったという[152]。また彼は『bluespring』を含めた自身の作品を、Bandcampという音楽配信プラッ

ングもしますが、基本的には怒られないレベルに分解したり、自身でサンプルパックのパラメータを調整したりと、原音の加工にこだわっています」、以下の記事を参照。「Telematic Visions インタビュー「コンテキスト」と「ビジュアルイメージ」との相互作用によって生まれる新たなサウンドスケープに迫る」Soundmain（2023年サービス終了につきInternet Archiveを参照）https://web.archive.org/web/202211090843/https://blogs.soundmain.net/11806/（最終閲覧：2024年3月12日）

＊150 両者には単なるキャラクターへの愛着

トフォームを利用してリリースしている。ここでは値づけを購入者が決める「投げ銭」方式でのリリースができ、mp3 / wav / flac といったファイルフォーマット選択や、カセットやCDなどフィジカル販売のオプションもつけられる。また、インディペンデントなミュージシャンのコミュニティが生まれている場所として先に名前を挙げたSoundCloudも併用しており、こちらには既存作品のリミックスを主にアップしているが、同プラットフォームには独自の機能として、アップされた楽曲の「ここがいい！」と思ったところにユーザーがタイムスタンプを押し、感想を書き込めるというものがある。クリエイター同士が刺激を与え合う一種のソーシャルメディアにもなっているのだ。

本書では「プラットフォーム」や「ソーシャルメディア」を一貫して批判の対象としてきたが、こうしたデジタルならではのインタラクティブ性を「作品」の成立に寄与する方向に活用した事例も存在するのだ（なおBandcampもSoundCloudも、初音ミクが発売されたのと同じ２００７年にローンチしたことを付記しておく）。現代の作り手たちは「プラットフォーム」も「ソーシャルメディア」も、ブックオフのような「アルゴリズムの外側」も含めて、すべてを新たな「自然環境」としてフラットに乗りこなす。スマートフォンの表面を撫で

（＝萌え）ではなく、ロゴタイプなども含めたある種の美観として２０００年代のアニメやゲームにある種の憧憬を抱いている点が共通しており、その詳細は筆者が２０２３年に自費出版した同人誌『ferne ZWEI』に収録のクロスインタビューに詳しい。cosgaso の作風・スタイルに関しては、以下の記事も参照のこと。「「一途」な表現の先に立ち上がる美学――cosgaso &a春 interview」AVYSS magazine https://avyss-magazine.com/2023/12/19/48129/（最終閲覧：２０２４年３月12日）

＊151 『ferne ZWEI』の

ているうちに忘れがちな「作る」ことへの主体性を、彼女ら／彼らは改めて教えてくれるのである。

インタビューで、次のように語ってくれた。「普通言われるような青春っていうのは、コロナでなくなって……『bluespring』というタイトルも、そのことに対するちょっとした皮肉を込めてつけたので。青春ってキラキラしたイメージがあるけど、そんなもんでもないだろうみたいな。〔…〕クラスがちょっといがいがしていて、どよんとしている感じが自分にとっての青春だよ、みたいな気持ちはありました」

＊152 『ferne ZWEI』のインタビューより。

7章

タイムラインの中で「かたち」を捉える

Towards You,
Weaving
“The End of the World”

Chapter Seven

「資本主義の残骸」としての〈セカイ系〉

〈セカイ系〉はその起こりからして、「エヴァっぽい」ことだけを目指して無数に生み出された「資本主義の残骸」という側面があった。当時のユース世代に訴求すべく、ガラケーなど当時の電子機器を登場人物が利用するシーンが素朴に描かれることも多くあり、現在の視点から見ると、歴史に登録されることを初めから諦めていたかのようだ。ひと言で言えば、刹那的なのである。

しかもその形式面においても、〈セカイ系〉は「短い」。「君と僕」という最小限の人間関係と、「世界の終わり」というワンイシューを対置させるシンプルな構造しか持たなくてよいのだから、当たり前である。そもそも、『エヴァ』のテレビシリーズは「長い（二クール分の話数ある）のに破綻した」が、それを受けて最初から「エヴァっぽい」ものを作ろうとなれば、必然的に長引かせるわけにはいかないだろう。代表作とされる三作品を見ても、『イリヤの空、UFOの夏』は全四巻、『最終兵器彼女』は全七巻、『ほしのこえ』は三十分にも満たない短編である。シリーズ展開が難しいことの弊害だろうか、特にライトノベルや漫画など、紙媒体が初出の作品は電子化されていないものも少なくない。

しかし、そうした「アクセスがしづらい」という性質すら、現代において個人が新しい「作品＝世界」を生み出すためのインスピレーション源として〈セカイ系〉を捉える立場としては肯定するべきものなのかもしれない。電子化されづらいということ。それはブックオフのような実空間で偶然的にしか出会うことができないということであり、〈セカイ系〉との出会いとは、アルゴリズムとネットワーキングによる無限の接続から強制的に身を切り離す経験と限りなくイコールなのである。

作品とは本来、ある特定の時間と空間を切り取ってパッケージングしたものだ。よりシンプルに言えば、始まりと終わりがある。しかしストリーミングサービスで配信される映像作品は、サブスクリプション（定額課金制）というビジネスモデルに基づいて「終わらない」ことがしばしばある。世の中のコンテンツの総量が飽和した状況で新作を流通させるには、サービス運営者が主体となり、少額の会員費で入会のハードルを下げつつ、メジャーからマイナーまで過去の作品を幅広く揃えることで囲い込み――それを効率よくユーザーとマッチングさせるのが視聴履歴を元にしたアルゴリズムである――独占的に漸次的な供給を行うことが最適解となる。「終わらない」ことによる話題性の持続はソーシャルメディアとも相性がよく、話題となった作品の続編がさらにまた作られるというフィードバックループを生む。個人を消費者の位置にとどまらせ、そのデータを燃料にコンテンツを供給し続ける永久機関が完成してしまっているのである。

〈セカイ系〉作品、すなわち「世界の終わり」をコンパクトにまとめた作品と現代のインターネット空間においては出会いづらいという状況は、現代のインターネット空間において個人が「作品＝世界」を成立させづらい状況とパラレルである。本章では、そんな〈セカイ系〉の現代のインターネット空間との相性の悪さ……「資本主義の残骸」としての性質を肯定的に捉えることを通じて、現代において個人が「作品＝世界」を生み出すための理論として〈セカイ系〉を位置づけることを試みる。補助線となるのは、インターネット空間と実空間を往復しながら活動を続ける、ある現代アート作家の作品やテキストである。

「空間」と「距離」を作り出すこと

アーティスト・布施琳太郎によるオンライン展覧会「隔離式濃厚接触室」（２０２０）は、作家自身がプログラミングした「ひとりずつしかアクセスできないウェブページ」の中に、アクセス者の位置情報を取得して表示された

Google ストリートビューの画像に加工が施された映像と、詩人・水沢なおの作品がともに表示されるというものである。コロナ禍において、人と人との物理的な距離をとる「ソーシャルディスタンス」が暗黙のルールとなる中で、実空間での展覧会が困難になったことを背景に注目を集めた。

その「ひとりずつしかアクセスできないウェブページ」というアイデア自体は、前年の「あいちトリエンナーレ２０１９」に対して文化庁が補助金の不交付を発表したことに対して、「資本主義のサイクルから甚大な影響を受けずに作品を発表し、体験させていくための形式をそれぞれが所有する必要を強く感じた」ことから考え出されたものだったという。[*153] 以下、同展に付されたテキストを引用する。

展覧会とは体験（experience）である。それは集団化した労働に基礎付けられた都市と、対立する孤独の時間だ。展覧会とは日常から隔てられた場であり、そこでは身体の個別性が露出する。社会的な人間は、展覧会における体験によって、身体の個別性を晒け出して一時的に孤独になり、だがそのあとで再び社会に還っていくのだ。都市のなかにありながら都市の余白として、ある緊張を把持し続ける時間こそが、展覧会なのだと僕は考えている。であ

＊153 「布施琳太郎が問うコロナ禍と「つながり」。あなたがあなたと出会うために──不安の抗体としての、秘密の共有」美術手帖 https://bijutsutecho.com/magazine/series/s25/21901（最終閲覧：２０２４年3月12日）

るならばギャラリーや美術館、あるいはオルタナティヴスペースといった物理空間を利用せずとも、都市のなかに孤独を埋め込むことができるかもしれない——つまりはウェブサイトを用いた展覧会だ。*154

詩は水沢による書き下ろしとはいえ、プログラミングやサイト公開のプロセスなど多くの部分を布施自身が担っていることから彼の「作品」と定義してもよさそうなものだが、そうではなく「展覧会」として「隔離式濃厚接触室」が定義されていることは重要だ。アルゴリズムとネットワーキングの時代において「作品」という単位をインターネット上に成立させるには、「サイバースペース」という言葉も廃れてひさしい現在において、古式ゆかしい「空間」の比喩の復活とセットでなければならないという直観があったのだろうと推察される。

先に引いたテキストで言われているのは、芸術は資本主義や感染症対策といった現実的な問題から切り離されたものとしてではなく、しかしその中にあってなお「芸術は芸術だ」と言い切れることが重要だということだ。展覧会を開催する、つまり「作品」を成立させるには、「空間を切り取る」ことが必要なのだと。そして、チケットを買って入場して、ここから先は「芸術」の領域ですよ、という

＊154　布施琳太郎「感染隔離の時代の芸術のためのノート（2020年4月7日）」https://rintarofuse.com/covid19.html（最終閲覧：2024年3月12日）

ある種の儀式を経ることが、一見ばかばかしいように思えても重要なのだと。そうした一連の過程を、「ひとりずつしかアクセスできないウェブページ」で擬似的に実現したというわけだ。

この試みが〈セカイ系〉とどのような関係を持つのか。布施が『ほしのこえ』に言及しつつ同展を解説する文章[*155]を読んで、本人に話を聞いたことがある。そもそも、1994年生まれの布施にとって「この作品を忘れたくない、ずっと憶えていたいと初めて自発的に思えた」作品が、新海誠の『雲のむこう、約束の場所』だったそうだ。そんな布施にとって〈セカイ系〉とは、自身の活動の出発点でもある「絵を描く」という行為にも関わる、「距離」についての命題として捉えられ

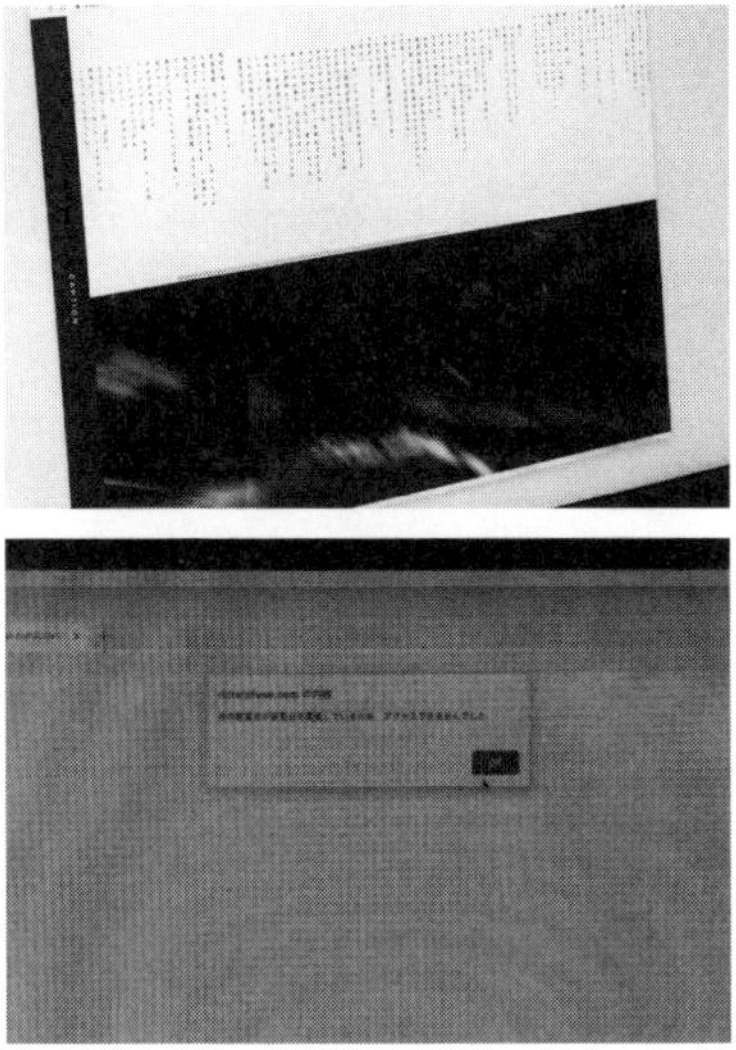

布施琳太郎「隔離式濃厚接触室」展示風景（撮影：竹久直樹）

*155 布施琳太郎「世界を凍らせる言葉——僕と私たちの間にある距離を回復する方法」ACYアーツコミッション・ヨコハマ https://acy.yafjp.org/news/2020/85907/（最終閲覧：2024年3月12日）

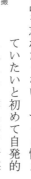

るのだという。

絵画の画面というものは近くにあるものと遠くにあるものの距離を比較する形で構成される。だからこそ、近くにあるということと遠くにあるということの距離が何らかの仕方で壊れてしまっているような状況が表れている想像力……〈セカイ系〉に特別なものを感じるんです。[*156]

Wikipediaの「セカイ系」の項目に、本来無関係なはずのさまざまな作品名が羅列されていることにも触れながら、「距離を破綻させて、本来隣り合うはずのない様々なフレーズやスケールをつなげてしまう想像力」として〈セカイ系〉を捉えているのだと布施は言う。この解釈を踏まえると、展覧会も「本来隣り合うはずのない」さまざまな来歴を持った芸術作品をひとつの空間にまとめることができるという意味で、同じ構図の中にあると言える。

「隔離式濃厚接触室」付属のテキストを再び見てみよう。「社会的な人間は、展覧会における体験によって、身体の個別性を晒け出して一時的に孤独になり、だがそのあとで再び社会に還っていく」。ここには確かに「社会が抜け落ちている」

＊156　筆者が運営するウェブサイト「ferne web」に掲載の記事より。2022年の布施の個展「イヴの肉屋」に展示された映像作品に音声を提供したトラックメイカー・〜離《ゆーり》を交えた座談会形式となっている。https://ferne-web.com/article/rintarofuse-riyuuuyu

という、〈セカイ系〉に対してネガティブな意味合いでよく言われる文言が認められる。しかし重要なのは、それがあくまで「一時的」なものとして定義されている点だ。「一時的」なものであれば展覧会を通して、〈セカイ系〉的な——「近くにあるということと遠くにあるということの距離が何らかの仕方で壊れてしまっているような」——状況を経験することは有用だと、そこでは主張されているのである。

「隔離式濃厚接触室」がもし「ひとりずつしかアクセスできない」プログラムを持たない単なるウェブサイトであったなら、表示された映像やテキストはすぐにスクリーンショットされ、ソーシャルメディアに溶け出してしまっていただろう。入室に対して制限がかかるからこそ、スクリーンショットを撮って流したところで、その「拒絶される」経験の質自体はシェアできない……だから、ソーシャルメディアに投稿しても意味はないと思う、逆向きのインセンティブが働く。そもそも、ＵＲＬを貼って宣伝したところで、拡散されればされるほどアクセスしにくくなるのである。自分のシェアが誰かの経験を損ねるかもしれないという自発的な配慮が、シェアする指の動きを鈍らせる。

アルゴリズムとネットワーキングによって何もかもを「つなげる」現代のオンライン空間上にありながら、それを知った人に社会からの一時的な「切断」の感覚をもたらす……これが「隔離式濃厚接触室」の体験と〈セカイ系〉の体験に共通するものだ。

生成のプロセスと「プロトタイプ」

２０２３年夏に開催された布施の個展「絶縁のステートメント」は、上述の試みとも連続しつつ、新たな展開を感じさせるものだった。紙でできた立体作品、ＡＩが生成したコンピュータ・グラフィックスと布施自身が書いた詩を紙にプリントアウトし、金属製の板にマグネットで固定した作品、３ＤＣＧを用いた映像作品、絵画作品などからなる同展のコンセプトは、布施自身によって以下のように解説される。

本展はひとつの思考実験である。「人と人がコミュニケーションをした場合、その二人は絶縁しなければならない未来」。人々が出会うことなくすれ違い、しかし生き続けていく。そんな社会を想定して、そうした時代に人類が制作したいくつかの架空のアーティファクト（人工遺物）で「絶縁のステートメント」は構成される。[*157]

「絶縁」というテーマ自体が布施の〈セカイ系〉的な関心――社会からの一時的な「切断」を助けるものとしての「展覧会」という形式の追求――から来ていることは明らかだ。その上で、先に引いた文章に続く「(引用者註：展覧会には)すべてが現在のなかで操作可能な変数になってしまった時代において、異なる時間感覚を再起動する装置であってほしい」という記述には、「距離を破綻させて、本来隣り合うはずのない様々なフレーズやスケールをつなげてしまう」という、もうひとつの意味での〈セカイ系〉性を追求する志向性も垣間見える。

「すべてが現在のなかで操作可能な変数になってしまった」という記述には、ソーシャルメディアの「タイムライン」が暗に想定されていると言えるだろう。近年の布施の活動の主軸となっている評論「新しい孤独」で、以下のように述べられていたからだ。

今日の大衆はミュージアムにおいて芸術作品から距離を取らない。人々は「iPhone」を握りしめてミュージアムに入る。つまりまず「iPhone」の高画

＊157　会場となったギャラリー・SNOW Contemporary の特設ページで全文が閲覧できる。http://snowcontemporary.com/exhibition/202306.html（最終閲覧：2024年3月12日）

質なカメラを構えて、目の前の芸術作品を画面上に表示する。そして二本の指でピンチイン／アウトした上で構図を決めて撮影し、様々なアプリケーションによって加工し、スワイプによってカメラロール（クローズドな自分用写真コレクション）を巡回し、最終的には自身のアイデンティティのためのミュージアムであるところのタイムライン（ソーシャルメディアにおけるパーソナルスペース）に共有＝再展示するのだ。[*158]

詩や映像といった非物質的な表現にも、文字数や上映時間といった「かたち」がある。もちろん、それらを定着させる紙やデジタルディスプレイには、物体としての「かたち」がある。作品という単位には、ソーシャルメディアのタイムライン上には決して共有＝再展示することのできない、「かたち」を得るまでに要した固有の時間が宿っているのだ。そうした「異なる時間感覚」を宿した「モノ」たちを、ひとつの空間に包含できるからこそ「展覧会」という形式は面白いのだというプレゼンテーションを改めて行っていたのが「絶縁のステートメント」展だったと言える。

同展が素朴な物質性や実空間の礼讃にとどまっていないのは、そこに並んだ多

＊158　布施琳太郎「新しい孤独」美術手帖 https://bijutsutecho.com/magazine/insight/19775（最終閲覧：2024年3月12日）

種多様な「モノ」が生み出されたプロセスが、流動し続ける社会の中に、一時的に脱社会的な空間を切り取るという、布施自身が強調する展覧会を開催することの意義と入れ子の構造になっているからである。

会場では布施自身による「「あとがき」としての作品解説」というテキストを読むことができたのだが、それによれば会場の中央に配置された紙でできた立体作品の制作プロセスを、別の形式において展開したらどうなるかという思考過程を経て、その他の作品が生み出されたのだという。*159

布施琳太郎「絶縁のステートメント」展示風景と、紙の立体作品《セックス》（撮影：木奥恵三）

こうした「モノからモノが生まれる」作品生成のプロセスは、現代フランスの哲学者、エリー・デューリングが提唱する「プロトタイプ」論の図式と重なっている。

*159 「そもそも紙は平面である。しかし折り曲げたり接着することで立体になる。そうして組み合わせていくと、複数の平面のなかの人物が抱き合い、見つめ合っているようにも思えた。だが二人（?）が出会うことはない。そうして作られた虚のかたちを、他の手法でも表現できないかと考え、本展における一連の制作が行われた。」紙の立体作品《セックス》の解説より。

デューリングは、ある作家の活動における「作品」とは、さまざまなメディアや素材を駆使しながら抽象的な問題に対して試行錯誤するプロセス……つまり制作という行為の切断面として現れるという視点を提供する。デューリングによれば、古来あらゆる芸術活動は無限なるものに対して抱く「崇高」の感情によって駆動されてきた。神や自然の雄大さに触れたときの感覚を、キャンバスとその前に立った鑑賞者の関係の中で反復したロマン主義の絵画しかり、近年の地域共同体を巻き込む形で展開するプロジェクト型アートというのも、関係性……つまり人や「モノ」を無限につなげ続けていくプロセス自体を神聖化しているという意味で、そのバリエーションにすぎないのだと。*160

デューリングは、このような無限性を切断する「モノ＝作品」を「プロトタイプ」と名づける。その好例として挙げられるのが、パナマレンコというベルギーの美術家が、生涯を通じて生み出し続けた奇妙なオブジェクト群である。それはたとえば「飛べない飛行機」のようなもので、現実の物理法則に照らすと明らかに破綻した設計なのだが、独自の機構を備えており、この世界とは異なる物理法則を持った世界でなら飛ぶかもしれない、と思わせるような説得力を有している。一見してガラクタのようだが、「あり得る世界」へと誘うような「モノ」がある。

＊160 代表的な論文が以下。エリー・デューリング著、武田宙也訳「プロトタイプ――芸術作品の新たな身分」、『現代思想2015年1月号 特集＝現代思想の新展開2015 - 思弁的実在論と新しい唯物論 -』（青土社、2015年）所収

「プロトタイプ」なのだ。「絶縁のステートメント」に照らし合わせるならば、最初に作られた紙の立体物が「人と人がコミュニケーションをした場合、その二人は絶縁しなければならない未来」という「あり得る世界」へと誘う「プロトタイプ」だと言える。

ここで重要なのは「プロトタイプ」が一定の「かたち」を持って空間を占有しているという点である。それによって「こういう世界もあるかもしれない、ああいう世界もあるかもしれない」という夢想が一時中断されるのだ。無限の関連づけを止めた空間、静かな想像のアトリエの中から、再び新たな制作を始めることができる。本章のはじめに述べた、現代における「作品」成立の困難――アルゴリズムによって何もかもが関連づけられていき、ストリーミングサービスにおける映像作品は「終わらない」――という状況の中で、それでもなお「作品」をどう成立させられるかという問いにも、「切断をもたらすモノ」としての「プロトタイプ」をめぐる思考は寄与するだろう。

そもそもコンピュータの基本的な能力として、人間には到底不可能な演算を、高速かつ大量に処理できるという点が挙げられる。となれば、あらゆるデジタル表現の特性は「無限性」にあると言え（生成ＡＩなどはその最たるものだ）、「プロトタイプ」の持つ「切断」性は必然的に、あらゆるデジタル時代の「作品」のあり方に関係してくるはずである。[*161]

オブジェクト・時空のねじれ・つなぎ直し

さて、パナマレンコの作った飛行機がそうであったように「一見してガラクタのように思える」ということは、現在の視点から見た〈セカイ系〉作品の一側面であった。それは〈セカイ系〉作品が、単に刹那的に乱造された「資本主義の残骸」であるというだけにとどまらず、作中で描かれるデジタルテクノロジーに注目することで、形式的にも分析することができる。たとえば『ほしのこえ』の設定に見られる、遠宇宙への航行が可能なテクノロジーがすでにあり、テラフォーミングが現実的な政策として実行されつつあるにもかかわらず、登場人物がコミュニケーションに用いるのはガラケーである……といったちぐはぐさについてである。

作品が発表された当時のメディアが作中に登場する、ということ自体は、むしろＳＦというジャンルの正統に位置づけられるものである。ＳＦ作家、ブルー

＊161　建築家の柄沢祐輔は２０１７年発表の論考で、「変数を無数に入力することによってほぼ無限ともいえる表現のバリエーションを即座に生成することが可能」なコンピュータを前にして、人間による制作行為がいかに位置づけられるかを考える文脈で「プロトタイプ」に言及している。「『空間へ』再読――エリー・デューリングの「プロトタイプ論」の視点からみた磯崎新の「プロセス・プランニング論」」ÉKRITS https://ekrits.jp/2019/06/3068/（最終閲覧：２０２４年3月12日）

ス・スターリングは２００９年のエッセイで、これからのＳＦ作家は現実世界におけるデザイナーのように、フィクション世界に登場するメディアやデバイスを、そこに住む人々の生活に想像をめぐらせながら設計するべきだとし、それを「デザイン・フィクション」と名づけた。「ＳＦはユーザ・インタフェースの人工物なのだ」[＊162]とスターリングは言う。オンラインゲームなど、インタラクティブなメディアの登場以後にあえて小説というメディアでＳＦ作品を発表する際には、作中人物が未来のメディアを扱う描写と、作品の発表時点における主要なメディア体験――たとえば「iPadで電子書籍を読む」など――との間に連続性を持たせることが、読者の没入感を妨げないために、これまで以上に重要になったと指摘するのである。

『ほしのこえ』でミカコとノボルが遠宇宙間のコミュニケーションにガラケーを用いるのは、当時のメディア的リアリティ――それは同作品がMac一台で作られ、作家自身の個人サイトを通じて作品の告知がなされたことにも重なっている――を反映しているという意味で「デザイン・フィクション」的である。しかし作中年代の２０４６年においてどうしてガラケーが生き残っているのか、などの科学考証がなされた形跡は見られず、あくまで２００２年、作品公開当時のリ

＊162　ブルース・スターリング著、太田知也訳「フィクションをデザインすること、あるいはデザイン・フィクション」Rhetorica https://rhetorica.jp/design_fiction（最終閲覧：２０２４年３月12日）

アリティにしか作用しない。〈セカイ系〉の「社会が描かれない」ということは、徹底して「現在」にこだわる、無時間的・非歴史的であるということでもあるのだ。

『ほしのこえ』は、歴史（SFというジャンル）の上にも現在（2002年以降の時代）にも位置することができない。そんな「ねじれの位置」にあるような、奇妙なオブジェクトに価値を与えることのできる概念が「プロトタイプ」だ。言い換えれば、当時は同時代のリアリティを捉えた「デザイン・フィクション」として見なされた『ほしのこえ』は、時代の風雪を経ることによって「プロトタイプ」へと変質したと言える。

これが単なるノスタルジーではない意味で、「資本主義の残骸」としての〈セカイ系〉を肯定すべき理由である。『ほしのこえ』という作品を独立したオブジェクトとして「新海誠」のキャリアから切り離す――その出発点にある、「未熟な」作品として見なすのでなく――ことで、もし新海が「映画監督」を志向せず、「ムービー作家」として歩み続けていたらどうなっていたのかという「あり得る世界」への道が開かれ、『すずめの戸締まり』よりも「新海誠的な」映像作品として、そのフィルモグラフィを細かく切断し、共通するモチーフを時空間を超えてつなぎ合わせる「新海誠展」のムービーが見出されるといった仕方で、現状とは異なるクライテリア（評価基準）への道も開かれるのである。

「まずは作ってみる」ために

布施は2023年に二冊の著作を刊行した。過去に展覧会や文芸誌で発表してきた詩篇を集めた『涙のカタログ』と、制作行為における「二人になること」の重要性がさまざまな事例——アニメに登場する義手を身に着けた代筆人、『ほしのこえ』、HTMLで書かれたラブレターなど——を通じて語られる書き下ろしの評論『ラブレターの書き方』である。

『ラブレターの書き方』には、布施が2022年に一般公開した「一度に一枚しか画像が存在できないSNS」、《Your Clock》[*163]の事例が紹介されている。もともとは特定の個人とやり取りするために作られたというこのウェブサイトは、「画像をアップロードすると、直前にアップロードされていた画像が消滅する」という機能のみを備えている。不特定多数のユーザーが同時にアクセスでき、誰かのアクセス（投稿）が次にアクセスした誰かに影響を与える場所であることか

＊163　URLは以下。https://rintarofuse.com/ihopetodisappearwithyouforever/ihopetodisappearwithyouforever.html（最終閲覧：2024年3月12日）

ら「ＳＮＳ」と拡張的に言い表されているのだろう。そのシンプルさから、「隔離式濃厚接触室」よりも簡単なプログラムで書かれたであろうことが想像できる。

二冊の著作の刊行を記念して行われたトークイベント[*164]でゲストの文筆家・下西風澄からなされた、なぜ《Your Clock》のようなウェブサイトを作るのか、それはWeb 1.0時代への素朴なノスタルジーのように見えてしまう可能性もあるのではないかという指摘に対して、布施はサイトに込められたテーマとは別に、簡単なプログラムで作られたサイトなら、良い意味で「自分でもできそう」と思ってもらえるだろうからという旨の返答をしていた。学習に行き詰まっても、ChatGPTのようなＡＩチャットボットが即座に答えを提示してくれる時代であり、プログラム学習のハードルは下がり続けているのだからと。

実は、「Web 1.0的なウェブサイト」を今こそ作ろうという動きは海外にもある。２０２４年１月に公開された「MIT Technology Review」の記事「「昔のインターネット」の精神を取り戻す、ＨＴＭＬエネルギー運動[*165]」によると、アーティストのローレル・シュヴルストとエリオット・コストが考案した「ＨＴＭＬエネルギー」というコンセプトに基づくプログラマーのコミュニティがチャット

＊164　布施琳太郎×下西風澄「〝目的〟を探して——人工知能の時代に書くこと」、２０２３年12月15日に本屋Ｂ＆Ｂとオンライン配信で開催。

＊165　「「昔のインターネット」の精神を取り戻す、ＨＴＭＬエネルギー運動」MIT Technology Review https://www.technologyreview.jp/s/325142/recapturing-early-internet-whimsy-with-html/（最終閲覧：２０２４年３月12日）

サービスのDiscordなどに点在しており、「インターネット上に存在したい」という原初的な願望に基づいてゼロからユーザーがプログラミングを学んでいた、2000年代初頭の風景を取り戻そうとしているという。一般的な「HTMLエネルギー」サイトとしては「季節によって要素が変化するデジタル・ガーデンや、ユーザーからの入力が新たな意味を生み出すインタラクティブな詩の生成器、制作者の人生に関する詳細な事柄を共有するパーソナル・サイト」などがあるという、記事内からさまざまな実例へとアクセスすることができる。

同記事はこの運動の意義について――イーロン・マスクによるTwitter買収騒動などを横目に真っ先に思いつくであろう――巨大プラットフォームによるトラフィックの占有という事態に対する抵抗としての側面ももちろん紹介している。しかしそれ以上に目を引くのが「Webサイト構築ツールが台頭して以来、フォントや余白の設定をハードコーディングする複雑で時に厄介な経験は、UX（ユーザー体験）デザインのベスト・プラクティスに基づいて用意されたテンプレートを選ぶ作業に取って代わられた」という指摘である。HTMLプログラミングは、言語によって「かたち」を作り出す行為でもあるのだ（そして、それは失われてしまった）。

そう考えると、トークイベントで布施が詩に関して「読まれることによって初めて実行される」と、プログラミング的な言い回しで表現していたことも腑に落ちる。これはソーシャルメディアの存在を前提にした、両者の機能性についての話をしているのだろう。布施が詩という表現形式を選択する理由としてイベントで語っていたのは、とにかく短くてもいい（だからWeb1.0的なウェブサイトと同じで「自分もやってみよう」と思える）ということだった。プログラミング言語は手もとにコンピュータさえあれば動作確認できるのに対して、詩はまず他人のいる「どこか」に投げてみなければ反応がわからない。しかし字数制限のあるソーシャルメディアはよくも悪くも短文をさっと投稿でき、また他人からのレスポンスが返ってくるのも速いわけで、通常言語の識字率とプログラミング言語の識字率の差異も加味すると、両者は「実行」されるまでの時間という意味合いにおいて、似たようなものとして捉えられる。

日本では何かと「ポエム」と呼ばれて嘲弄される傾向にあるが、詩を書くということは本来（と留保をつけなければいけないのが口惜しいことなのだが）立派な「作る」行為である。ある意味でソーシャルメディアは、その登場以前から存在する「ポエム」を嘲弄する空気を具現化したような場所だから、そこからの「切断」を志向するＨＴＭＬプログラミングを新しい「詩作」として定義するのは理に適っている。しかしそれと同じくらい、ソーシャルメディアの中で詩を書くこともチャレンジングな創造的行為かもしれない。たとえば、布施も『ラブレターの書き方』をその詩論で締めくくるなど高く評価する詩人、最果タヒの「〇〇の詩」と題された Twitter 投稿は、このソーシャルメディアが誕生した頃からのデフォルトの字数制限である１４０字をフルに使い、ぎっしりと文字列自体がひとつの矩形をなしており、その輪郭は同メディアの基本単位である「ツイート＝ポスト」の輪郭にも重なっている。その「かたち」はタイムライン上に異物感を与え、止まらない情報の流れを追い続けるユーザーの視線に「切断」をもたらすことだろう。*166

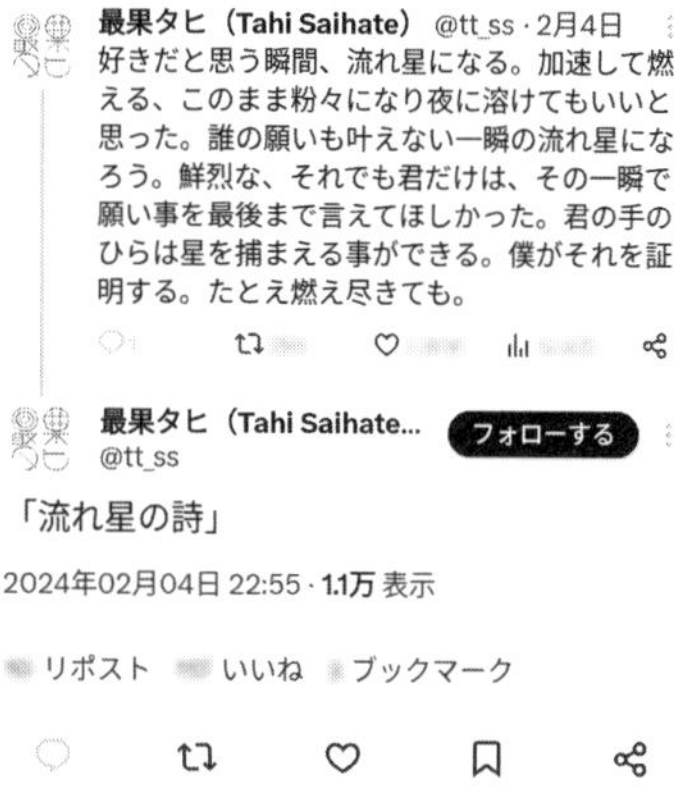
最果タヒ（Tahi Saihate） @tt_ss · 2月4日
好きだと思う瞬間、流れ星になる。加速して燃える、このまま粉々になり夜に溶けてもいいと思った。誰の願いも叶えない一瞬の流れ星になろう。鮮烈な、それでも君だけは、その一瞬で願い事を最後まで言えてほしかった。君の手のひらは星を捕まえる事ができる。僕がそれを証明する。たとえ燃え尽きても。
最果タヒ（Tahi Saihate...
@tt_ss
フォローする
「流れ星の詩」
2024年02月04日 22:55 · 1.1万 表示
リポスト いいね ブックマーク

最果タヒの Twitter 投稿の例。なお、このスタイルでの投稿が始まったのは2023年8月からで、有料会員向けに最大 140 字の制限が撤廃され、サービス名としての「Twitter」も消滅した時期と重なっている

*166　自身がグラフィックデザイナーでもあったモダニズム詩人・北園克衛（１９０２－１９７８）の作品をはじめ、詩の「造形芸術」としての歴史は長い。なお最果タヒは、詩を印字したモビールなどを実空間に展示する「最果タヒ展」を、デビュー作を含む多くの自著の装丁を手がけるグラフィックデザイナー・佐々木俊との協働で行うなど、この路線をさらにラディカルに推し進める実践者でもある。

ソフトウェアの扱いに習熟していたり、プログラミング言語が扱えたり、造形や描画の能力があることは、現代における「作家」の必須条件ではない。生成AIが普及期に入り、ますます「大量の情報をどう処理するか」が「創造性」と直結して捉えられるようになる中で、改めて顧みられるべきは人間の「かたち」を捉える能力なのである。

その上で、ソフトウェアとの協働の中で「ヒト／モノ」の境界が薄れてきているという本書での議論を加味すれば、布施がその制作論の中心に据える「二人になること」の対象は、恋人に類する「誰か」でなくてもいいのかもしれない。見つけ出した「かたち」と、沈黙に満ちた空間の中で「二人」になること。これが「まずは作ってみる」ために必要な段階であり、〈セカイ系〉から「青空」「常世」「永遠の世界」といった形象を取り出しつつ、その実践としても本書は書き進めてきたつもりである。

8章
セカイに向けて響く祈りの歌

Towards You,
Weaving
“The End of the World”

Chapter Eight

「音楽映画」における編集的思考

ソフトウェアと協働しながら「作品＝世界」を生み出す「オペレーター」としての作家と、スマートフォン／ソーシャルメディア時代に「切断」をもたらすものとしての作品という単位……ここまで追求してきた〈セカイ系〉的主題をそのキャリアを通じて体現し続けている作家として、岩井俊二を再び取り上げることで本書の締め括りとしたい。

庵野秀明とはお互いの監督作品に俳優として出演し[*167]、新海誠はその作品に影響を受けたと公言、お互いの新作のキャストについて情報を交換するなど交流を持つ[*168]この映画監督は、彼らと同じく「編集」という工程を非常に重視し、実際にその役職にクレジットもされている。ミュージックビデオのディレクターからキャリアをスタートしているというのも、テレビシリーズのオープニング／エンディング映像でそのセンスを発揮した庵野や、ゲームのオープニングムービーからキャリアをスタートした新海との関連性を考える上で特筆すべき点だ。

そして2023年公開の最新作『キリエのうた』でも、しっかりと「編集」のクレジットに岩井の名前は記されている。

＊167　庵野の監督作『式日』（2000）と、岩井の監督作『ラストレター』（2020）。

＊168　新海は『すずめの戸締まり』にメインキャストとして出演した松村北斗を、『キリエのうた』での演技のよさを岩井から直接説かれたことをきっかけに、オーディションで選んだのだという。以下の記事を参照。「新海誠監督、『すずめの戸締まり』〝おかえり上映〟で松村北斗起用の裏話を明かす「岩井俊二さんが『キリエのうた』を撮っている時に…」」MOVIE WALKER PRESS https://moviewalker.jp/news/article/1158117/（最終閲覧：2024年

3月12日）

2011年／2018年／2023年と三つの時代を行き来する構成をとる『キリエのうた』の物語は、2011年の東日本大震災で家族を失い、天涯孤独の身となったストリートミュージシャン・路花《ルカ》（ステージネーム：キリエ）を軸に展開する。路花は被災直後から言葉でのコミュニケーションが不自由となってしまっており、しかし歌うことはできるという。2018年時点では帯広におり、震災で命を落とした姉（キリエとは本来この姉の名前である）の恋人であった夏彦という青年と暮らしていたのだが、正規の肉親ではない二人は引き裂かれ、2023年時点では独り路上生活を余儀なくされている。路上ライブをしていたところ、2018年時点で夏彦の家庭教師先であり、路花とも交流のあった逸子《イッコ》という女性と東京で再会して……というのが2023年の時間軸でのスタートラインである。

『キリエのうた』は音楽プロデューサーの小林武史とタッグを組んだ、1996年公開の『スワロウテイル』、2001年公開の『リリイ・シュシュのすべて』に続く「音楽映画」である。岩井の定義する「音楽映画」とは、単に音楽や音楽家が映画の中心にあるというのみならず、主題歌の作詞作曲のプロセスにまで監督・脚本である岩井が深く関わるというものだ。本人によれば「ミュージカル映画とも、普通の映画とも違うもので、僕自身としては映画を作るという行為と同じか、むしろそれ以上の熱量で音楽のトラックに向き合っていく作品」だという。*169特に本作においては劇伴が単なる添え物にならないよう、オフの音（画面の中で音の発生源が映し出されていない音）と作中曲の演奏がシームレスに溶け合うようなあり方が徹底されており、具体的には以下のように語られている。

今回、音は基本的に全部現場のトラックを使うという決め事が自分の中にあったんです。その場のリアルな音をそのまま録音して使う。当て振りじゃなくどのシーンも本人が歌っていて、お芝居のトラックと同じ線上に音楽のトラックも置くということをやってみたかった。

映画づくりにおいては、映画サイドが音楽トラックをアンタッチャブルなものだと思い込んでいるふしがあるんですよね。〔…〕演奏シーンになると明らかにそれまでとは違う音像でポーンと入ってくるせいで、前後のシーンとの繋がりに違和感を覚えることってないですか？　あれ、キツいよなあとずっと思っていたんです。演奏が空振りに見えて全然熱くなれない。突如マ

*169 「映画『キリエのうた』SPECIAL INTERVIEW 岩井俊二＋小林武史＋アイナ・ジ・エンド」SWITCH ONLINE https://www.switch-pub.co.jp/kyrie-movie-special-interview/（最終閲覧：2024年3月12日）

スタリング音源がやってきた、みたいな。

細かいことを言うと、劇中の足音まで自分で入れたりしています。〔…〕普通の足音では気に入らないんですよ。こんなはずないじゃん、と思ってしまって。そこで色々な音を重ねて作っていくんです。[*170]

「トラック」や「マスタリング」といった音楽制作の工程に関わる用語をインタビューの場で口にする映画監督は珍しい。こうした発言からも、岩井が映像と音楽をソフトウェア上で等価に扱うことを当たり前の感覚として持ち合わせた、ポスト・デジタル時代の「編集」の作家――1963年生まれの岩井は、その始祖的存在と言えるかもしれない――であることが窺い知れるだろう。

匿名的なつながり

岩井×小林タッグの「音楽映画」としては三作目にあたる『キリエのうた』は、二作目の『リリイ・シュシュのすべて』から二十年以上の月日が経っている。音楽の受容体験という切り口で見たときに、最も時代的な違いがあるのはインターネットの位置づけだろう。『リリイ・シュシュのすべて』では個人サイトと匿名

＊170 同記事

掲示板が重要な役割を果たしたが、現代はスマートフォンとソーシャルメディア……「アカウント」というものにすべてが紐づいていく「顕名性」の時代である。

岩井はそのキャリアを通して、メディアを介したコミュニケーションを作品の中心に据えてきた作家だ。長編第一作である『Love Letter』（1995）をはじめ、代筆やなりすましといったギミック、兼役の効果的な活用など「分身」のモチーフが頻出することもよく指摘されるが（たとえば『キリエのうた』では2018年／2023年の路花と2011年のキリエをともにアイナ・ジ・エンドが演じている）、共通するのは、メディアというものが二者関係の間に距離を作り出すものであり、そこでのコミュニケーションに強度をもたらすのがある種の匿名性である、という感覚だ。手紙やメールの向こう側にいる相手は、本来言葉を交わしたい人ではないかもしれない。代筆人や、なりすましかもしれない。しかしそこに確かに心を動かすコミュニケーションが成立しているのなら、すべてを幻と言ってしまっていいのだろうか？　そんな曖昧で儚い感覚に賭けようとするのだ。

『リリイ・シュシュのすべて』では、地方都市に暮らす少年が、自身の運営する匿名掲示板の中で神格化されていくリリイという歌姫に救いを求める一方、その神秘性に触れられないもどかしさが反転して現実のやるせなさを増幅し、破滅的な結末に向かっていく様が描かれていた。一方、『キリエのうた』で路花＝キリエが音楽家としての知名度を上げていく過程は、ショート動画やソーシャルメディアを駆使したものとして描かれる。

しかし重要なのは、そうした「顕名的なつながり」のインターネット環境を基礎にした関係性においても、匿名性に信頼を置く岩井の姿勢は貫かれているということだ。キリエと出会う音楽家たちは、「風琴」だとか「松坂珈琲」だとか、活動名でしかお互いのことを知らない存在ばかりで、しかしそれでまったく問題なく活動は成り立っている。キリエをそうしたネットワークに接続する自称マネージャーのイッコも、実のところ「真緒里《マオリ》」という本名を捨てているのだ（路花＝キリエと真緒里＝イッコはお互いの本名をお互いしか知らず、だからこそこの二人の関係はある種の特別なものとして、映画の冒頭とラストに置かれている）。名前や言葉によらない関係性、「匿名的なつながり」をこの現代においても実現することができるということを、岩井は信じているように思える。

本作では「顕名的なつながり」に対して「匿名的なつながり」が称揚される一方で、「かけがえのない（＝顕名的な）誰か」とのコミュニケーションは、「切断」を伴うものとして描かれる。２０１１年の出来事を回想するパートで、仙台に住んでいる夏彦と石巻に住んでいるキリエが、地震発生の瞬間に携帯電話で会話しているシーンがある。通話中に地震が起こって、一旦揺れがおさまり、津波がやってくるまでの間通話をし続ける。二人を映す画面が断続的に切り替わるのだが、津波がやってくる直前で通話は切れてしまい、画面の切り替わりも止まる。無力感に打ちひしがれる夏彦の姿は、死地にいる女性に対して何もできない男性、というあまりに（否定的な文脈で言われた意味での）〈セカイ系〉的なものなのだが、しかしあくまで回想シーンの中に置かれることにより、ひとつの倫理観を示してもいる。その後も喪失を抱え続ける夏彦の姿は終始痛ましいのだが、路花もまた彼とは違った意味で言葉を発することができなくなっているわけで、そんな二人が路上で一緒に演奏をするシーンは感動的だ。何せ、音楽を路花に教えたのは夏彦その人なのである。

小学生の路花は津波から逃れた後、姉の恋人である夏彦が大阪の大学に入ることになったという情報を覚えていて、避難所から大阪行きのバスにひとり乗り込み、現地で路上生活をしていたところを親切な女性教師に保護されることになる。女性教師は路花が身につけていた荷物から市外局番をインターネット検索し、石巻の出身であることを突き止める。さらにソーシャルメディア検索をして「ナツ」というアカウントが「キリエ」という人物の安否を案じていることを知り、路花から姉である「キリエ」の名前と「なっちゃん」というその恋人の名前を引き出したことにより「ナツ=なっちゃん=夏彦」であることを特定し、二人を再会させることができたのである。

結局、正規の肉親ではない夏彦は路花の保護者としては認められないと行政に引き裂かれ、帯広で「再々会」するまでにはさらに数年を要することになるのだが、それだって2011年の再会がなければあり得なかったはずである。インターネットの中にある、その人の存在を示すわずかな痕跡をたどることで、第三者（女性教師）を介して、切れかけていた縁を結び直すことができたのだ。

路花は夏彦からギターを教わり、音楽家として開花した。恋人とも兄妹ともいえない、それこそ法律的には決して定義できない種類のつながりの痕跡として、歌という、言葉に還元できないコミュニケーションの手段が作品の中心に置かれているのである。

〈世界はどこにもないよ〉

〈セカイ系〉に関しては、死地に赴くのはもっぱら女性で、それを見送るしかできない無力な男性、という構図を男性側の一方的な視点でセンチメンタルに描いているとよく批判された。確かにそういった作品ばかりが世の中に溢れていたのなら問題だが、男性が死地に赴き、女性はそれを「見送る」ばかりという図式もそれはそれで問題があるわけで、本来検証されるべきは男女の非対称性よりも、そこにあるセンチメンタルさが自己憐憫にまみれたものになってはいないか、ということだろう。

その上でたとえば『ほしのこえ』を見てみると、「見送る」側の男性主人公ノボルは「心を堅く、冷たく、強くする」ことを決め、ミカコのいる宇宙に向かうため「大人になる(=宇宙に派遣される可能性のある、軍人になる)」ことを決めるのであり、無力感を噛み締めて今、自分にできる最善を尽くす彼の姿は、自己憐憫にまみれただけのものとは到底言えない。そして夏彦もキリエとの通話が切れた後、打ちひしがれるのもそこそこに、仙台から石巻に向けての道を自らの足でひた走るのである。その後も被災地でボランティア活動をしている旨など語られ、絶望を前にしてただ呆然としているような人物像ではない。

何もこれは「うだうだ考えていないで身体を動かせ」といった話をしたいのではない。彼らの足を前に進めるのは、大切な誰かの無事を願う「祈り」だ。圧倒的で口を噤むより他ないものに直面したとき、「無駄かもしれない、だけど、それでも」と、限りなくゼロに近い可能性、奇跡に身を投じるためのエネルギーに変えるものとして「祈り」がある。

これまで本書では、匿名性から顕名性へ向かうインターネットの、つながりすぎ、一貫性が求められすぎることの息苦しさに対する、「どこでもなさ」や「誰でもなさ」、あるいは「沈黙」することの意義を〈セカイ系〉と呼ばれる作品を通して肯定しようとしてきた。「祈り」とは、まさに「どこでもない」場所で、「誰でもない」存在として行われるものだ。

哲学者、ウィトゲンシュタインは次のように語っていた。

一　　　世界は成立していることがらの総体である。
一・一　世界は事実の総体であり、ものの総体ではない。
一・一一　世界は諸事実によって、そしてそれが事実のすべてであることによって、規定されている。
一・一二　なぜなら、事実の総体は、何が成立しているのかを規定すると同時に、何が成立していないのかをも規定するからである。
一・一三　論理空間のなかにある諸事実、それが世界である。
（中略）
七　　　語りえぬものについては、沈黙せねばならない。*171

ウィトゲンシュタインが「言語の限界」を突き詰めた果てに至った沈黙、そのただ中で行われることこそ「祈り」である。『キリエのうた』のクライマックスで演奏される「キリエ・憐れみの讃歌」の最後のサビでは〈世界はどこにもないよ〉と歌われる。言葉で語り得る事実とは異なる領域に、夏彦にとっての震災のような、あるいは〈セカイ系〉にとっての「世界の終わり」のような、圧倒的な出来事というものはある。

*171　ウィトゲンシュタイン著、野矢茂樹訳『論理哲学論考』（岩波文庫、2003年）

確かに「3・11」とか「東日本大震災」とか名づけることは、歴史の検証作業のために必要なことだ。しかし個人の体験にとっては、そう名づけることによってこぼれ落ちてしまうディテールがある。キリエが波にさらわれる直前と思しき瞬間（映像では直接描かれない）には画面がモノクロになり、讃美歌風の楽曲が流れ、妙に荘厳な雰囲気でキリエが路花を抱きしめるカットが挿入されるのだが、そのように災害という表象にはどうしようもなく「崇高」性＝ロマンチシズムが宿るということからも、この作品は逃げることをしない。夏彦との通話はその直前に切れているのであり、彼が抱く心象風景としてのロマンティックさ（自己憐憫）とキリエの像を結びつけることは、むしろ慎重に回避されていると言っていいだろう。これは映画というメディアが、たとえば「東日本大震災」と名づけられるような特定の出来事の全体を描くことは決してできない、ということへの自覚でもある。

震災という出来事の、それまでの日常からの圧倒的な「切断」性を受け止めつつ、言語化不可能なものの「崇高」性をも同時に表現してみせた岩井は、〈セカイ系〉作家として、同じく震災という題材に向き合った『すずめの戸締まり』の新海よりも、遥かに高度なことをやってのけていると言っていい。『すずめの戸締まり』の「常世」は確かにロマンティックな感情を喚起する美しい空が一面に広がる、現実の時空間から「切断」された領域として設定されていた。しかし物語上の役割としては、震災当事者である主人公・鈴芽が現実を強く生きていくための、過去の清算の場として使われたという側面が大きい。現実は「切断」されることなく「連続」的なもので、その中で生きていくために一旦は「常世」のような場所を経由する必要がある、と設定されていたわけだ。

対して『キリエのうた』は設定ではなく編集の技法によって、「切断」という〈セカイ系〉の思想を作品に織り込んでいる。映画という、本来的に直線的な時間軸に従って進行するメディア体験のただ中で「切断」の感覚を覚えさせることによって、連続的な、当たり前に明日がやってくるものだと思っている現実それ自体が、自分が今どこに立っているのか、自分は何者なのかさえ危うくする「世界の終わり」の予感に満ちたものだと、観客に向けて看破するのである。

終わる世界に祈りを込めて

ロシアによる軍事侵攻からその時点で一年以上が経過していたウクライナ情勢に加え、ガザ地区で新たな戦争も勃発した２０２３年10月に足を運んだ『最終兵器彼女』の原画展には、だからこそ感じ入るものがあった。

同作品における戦争は、どこか遠いところで行われている、ディテールを欠いたもので、戦うべき「敵」も誰だかわからない。主人公のシュウジは「最終兵器」となって戦場に投入される、恋人のちせとの関係を通じてしか、その一端に触れることができない。ソーシャルメディアによって現地の映像が無際限に拡散され、フェイク映像もその中には混じり、現代という時代に起きていることを真面目に把握しようとするほど心身をすり減らしてしまうこともまた問題になっている以上、〈セカイ系〉的な曖昧さの中にとどまることは、ある種のオルタナティブな倫理の提案になるのではないか。

戦争が起きているという事実、それ自体をまったく見て見ぬふりすることはなく、しかし曖昧な解像度の中にとどまること。せめてそばにいる誰かのことは大切にしようと決意すること。

こうした倫理は各シーンが物語的な時系列から解放され、複数枚の「絵」として空間に展開される原画展という形式を介することで、より明らかなものとなっていた。同作品に対する、男性の自己憐憫にまみれた、ジェンダー非対称的な作品だという評価は一面的なものに過ぎない。背中から機械の翼が突き出たちせのビジュアルに象徴される、繊細さと痛々しさの同居する描線。それ自体が強いメッセージ性を発していたのだ。

会場の入口には、原作者である高橋しんによるメッセージが掲げられていて、それがとても胸を打つものだったので引用したい。

この作品は、20年以上前に、たった二年だけ連載されただけの小さな物語です。

その後、最後のシュウジとちせになると思います。と言いながら何度も、ふたりを描いてきました。
絵描きとしてとても幸せなこの現象は、ふたりを大切に育ててくださったたくさんの読者さんが届けて下さいます。
この色紙を描き終えて、また今度も言います。
最後のシュウジとちせになると思います。

この原画展の開催を知ったファンの方からこんな言葉をいただきました。

生まれる前に完結していた作品だから、こんな機会が来るなんて嬉しい。

単行本の最後に、たとえば五年経ったら誰かにこの本を譲って下さい、そう書きました。

こうした奇跡のような機会のおりに思うのです。譲ってくださった方が作品を繋げ、持っていてくださった方が作品を守り、何度も何度も生まれ変わり——そうして今があるのではないか。誰かの本棚にあり続けるというのは、本にとって誰かとのたくさんの人生を冒険を共にするということではないか。

そうした、幾多の冒険を経た、黄緑、甜橙、紫、カーキ、水色、ピンク、そして銀色の少し色褪せて、少しだけ誇らしげな背中の小さな7冊を本棚に、読者さんはいま言って下さいます。

「まだ持っていますよ。」

ここ数年、何度か機会があって答えてきたのですが、改めて。

もう、どうか皆さんずっとこの本を持っていて下さい。
ありがとうございました。
シュウジとちせは、今でも私たちです。

『最終兵器彼女』に英語でつけられたサブタイトルは、こうである。

THE LAST LOVE SONG ON THIS LITTLE PLANET.

世界最後の瞬間に歌われる祈りの歌なのだ。

今一度〈セカイ系〉の人口に膾炙した定義を引こう。「主人公と（たいていの場合は）その恋愛相手とのあいだの小さな人間関係を、社会や国家のような中間項の描写を挟むことなく、「世界の危機」「この世の終わり」といった大きな問題に直結させる想像力」。この一節は、「世界の終わり」と「大切な誰かとの関係」が、同じ重みをもって描かれる作品のあり方を指しているとも考えられる。ソーシャルメディアのタイムラインを眺めていると、「世界」がどんどん悪い方向に向かっていくようなニュースが溢れているのに加え、経済的な困窮や精神的な危機、その他もろもろの理由によって日々の生活もままならない……となれば、ふとした瞬間に人生という「世界」を終わらせる選択肢を想像してしまいかねないそんな時代に、「それでも、大切な誰かの顔は思い浮かびませんか？」と、呼びかけてくるようなところが〈セカイ系〉にはある。

何もかも終わりにしたいという、破滅を願う心。それ自体は否定せず、しかし同時に誰かを傷つけるような、根本的な破滅に至る手前で踏みとどまらせるような倫理。「人生、何をやってもうまくいかない」と感じる人が、「うまくいかない」まま倫理的に生きていくための思想が〈セカイ系〉だと思うのだ。少なくとも、筆者はそういうものとして日々、〈セカイ系〉について考えることで救われている。

〈世界はどこにもないよ〉……その後にキリエが歌う歌詞は、こうである。

だけど　いまここを歩くんだ
希望とか見当たらない

だけど　あなたがここにいるから

これ以上に言葉はいらない。あとは、祈りと旋律の仕事だ。だから、この本の執筆もここで終えることができる。

おわりに

ここから数ページ続く文章は、「匿名性」を肯定してきた本書の内容とはある種矛盾する、筆者である私の来歴に関する文章である。言わば『シン・エヴァ』における宇部新川駅パートのようなものなので、ページを閉じていただいても構わない。

この本でずっと追いかけてきた〈セカイ系〉という言葉には、個人的には「青」のイメージが纏わりついている。その色は純粋さや遠くにあるものの象徴で、晴れた日に視線を上に向ければ、すぐそこにある色でもある。

こういうことは大人になるほど口に出す人が少なくなってしまう。そのことに関する違和感がずっとあった。

身近な人のことを何より大切に考えることの何が悪いのか。「社会の描写が抜けている」というが、その社会なるものを隅から隅までわかっている人がどれだけいるのか。「世界の終わり」に立たされたような気分になったことが、本当に一度もないというのか。

青は、「そうではない」という形でしかアイデンティティを定義できない自分に寄り添ってくれる色でもあった。空の青色は、日光が空気中の塵に乱反射して見せているもので、瓶ですくって閉じ込めたりすることはできない。存在と非存在の間を漂う色なのだ。

父親の転勤の都合で、1990年代の半ばをドイツで過ごした。大きくなって文学や評論を読むと、「1995年」がその後の文化の分水嶺になっていたと書いてある。ちょうど小学校に上がる年で、同世代の作家のように『エヴァ』をリアルタイムで観て衝撃を受けていてもおかしくないのだが、そんな経験はまったくない。かといって日本人学校に通っていたので、ドイツ語も話せない。そこから数珠つなぎに「(関係が)ある」という形で説明されるもろもろが、自分にはひどくリアリティを欠いていて、だから『エヴァ』を起点として語られる〈セカイ系〉を論じ直したくなったのかもしれない。

あと、こういうことを言いやすい時代になった（とも言えるし、言わなければ信用されづらくなったとも言える）から言うと、自分は他人に恋愛感情や、性的欲求というものを一度も抱いたことがないのだった。「（感情や欲望が）ない」という形でしか定義できないから、「（私は）こうである」という形での声が大きくなりがちなソーシャルメディアの力が増すほど、表に出て来にくい性質なのではと思う。

自分の生まれの性別は男性である。前述の性質もあって「無機物になりたい……」と衝動的に思うことはあるけれど、今日まで健康に生きて来られたことをありがたく思っているし、生まれ持った肉体の「かたち」に対する違和感も強くない。気づかずに社会的な恩恵を受けている場面は多いのだろう。でも、だからこそ「ない」ことを声高に言えないのは苦しかった。性別によって分かれることなく、みんなが同じ「子供」として青空の下を駆け回っていた、あの頃を取り戻したいという気持ちを。〈セカイ系〉の、恋愛すると「世界の終わり」が来てしまう——つまり、その先の物語は描かれない——という構造は、そんな自分にとってはこの上なく真に迫るものだったのだ。

こうしたことを考えていたら、いつの間にか一冊の本になっていた。「言っていることは正直よくわからない部分もあるが、何か大切なことを言おうとしている」と声をかけてくださり最後まで伴走していただいた、担当編集の山本大樹さんには感謝してもしきれない。本という「かたち」をこの世に残すことは、それこそ「青」に惹かれ始めた幼少期からの夢だった。本当にありがとうございます。

また、自分を「北出栞」という名前で呼んでくれる知人・友人のみなさん。およそ十年前からソーシャルメディア上で名乗り始めたこの名前は、自分の本名のアルファベット表記をバラバラにして組み替え、なるべく性別からも自由な印象の名前を考えたものである。「あなたは何者か」が問われ続けるソーシャルメディアにおいてそんな名前を名乗り続けること自体が、本書のテーマに通じる密かな実践でもあったのだが、ここまでたどり着けたのは「北出さん」と呼びかけてくれたひとりひとりがいたからだ。ありがとうございます。そして、これからもよろしくお願いします。

そして最後に、両親と妹に感謝を。自分の本名（特に名字）は、そちらがまるでペンネームのように珍しいものなのだが、一度名乗ったら十中八九覚えてもらえるその名前は、実のところ嫌いではない。プロのミュージシャンとして活動している妹ともたまに話すのだが、そんな名前だから何か変わったことをやらなくてはならないという気持ちがどこかにあって、普通はこだわらないことにこだわり続けていたらここまで来た。決して真っ直ぐではないキャリアを歩んできているし、いつも心配かけ通しな息子／兄ではあるけれど、子供の頃から親しませてくれた「紙の本」を出すというひとつの夢を叶えることができました。いつも見守ってくれてありがとう。これからも自分なりに頑張っていこうと思います。

すべてを青空に還すことはできなくても、ひとりひとりが「子供」に還ることはできるかもしれない。本書で取り上げてきたデジタルテクノロジーは、それとともに何かを「作る」ことは、本来そのポテンシャルを持つと思うし、そんな「子供の遊び」によって生まれた「セカイ」が、また新たな「セカイ」を生んでいくことも信じている。この本自体も、誰かに何かしらの気づきを与えるひとつの「セカイ」になっていることを祈りつつ、ひとまず筆を置こうと思う。

２０２４年３月　著者記す

北出　栞（きたで・しおり）

1988年生。神奈川県横浜市出身。
1990年代半ばをドイツで過ごす。
音楽雑誌の編集部員、音楽配信サイトの運営スタッフを経て、
2010年代半ばより現名義で評論同人誌への寄稿を始める。
2021年、〈セカイ系〉をキーワードにした
評論アンソロジー『ferne』を自費出版。
同人誌即売会「文学フリマ」を中心に話題となる。
本書が初の単著。
ウェブサイト：https://ferne-web.com

装画　米澤柊
装丁　川谷康久（川谷デザイン）

「世界の終わり」を紡ぐあなたへ

デジタルテクノロジーと
「切なさ」の編集術

二〇二四年四月二十九日　第一版第一刷発行

著者　北出 栞
発行人　森山裕之
発行所　株式会社太田出版
〒一六〇―八五七一　東京都新宿区愛住町二十二
第三山田ビル四階
電話　〇三―三三五九―六二六二
ホームページ　http://www.ohtabooks.com
振替口座　〇〇一二〇―六―一六二一六六
（株）太田出版
印刷・製本　株式会社シナノ
編集　山本大樹
組版　飯村大樹

ISBN978-4-7783-1926-7　C0095

Towards You,
Weaving
"The End of the World"